SERVIDORES DO ALTAR

Dados Internacionais de Catalogação na Publicação (CIP)
(Câmara Brasileira do Livro, SP, Brasil)

Melo, Rogério de
Servidores do altar: a missa explicada para coroinhas e acólitos/ Rogério de Melo, Cleverson Martins Teixeira. – Petrópolis, RJ: Vozes, 2025.

ISBN 978-85-326-7234-6

1. Coroinhas – Igreja Católica – 2. Eucaristia – Celebração 3. Igreja Católica – Liturgia 4. Missa – Celebração I. Teixeira, Cleverson Martins. II. Título

25-274206 CDD- 264.02036

Índices para catálogo sistemático:

1. Missa: Igreja Católica: Liturgia 261.02036

Eliete Marques da Silva - Bibliotecária - CRB-8/9380

Padre Rogério de Melo
Diácono Cleverson Martins Teixeira

SERVIDORES DO ALTAR

A Missa explicada para **coroinhas e acólitos**

EDITORA VOZES

Petrópolis

Rua Frei Luís, 100
25689-900 Petrópolis, RJ, Brasil
www.vozes.com.br

Editoração: Mariana Perlati
Diagramação: Ana Maria Oleniki
Revisão gráfica: Alessandra Karl
Capa: Anna Ferreira Coelho
Ilustração de capa: criada com IA

ISBN 978-85-326-7234-6

Este livro foi composto e impresso pela Editora Vozes Ltda.

Sumário

Siglas

ClgC – Catecismo da Igreja Católica.

SC – Constituição *Sacrosanctum Concilium*: sobre a Sagrada Liturgia.

LG – Constituição Dogmática *Lumen Gentium* sobre a Igreja.

IGMR – Instrução Geral do Missal Romano.

MQ – Carta Apostólica sob forma de Motu Proprio *Ministeria quaedam* de São Paulo VI.

PO – *Presbyterorum ordinis* – Decreto sobre o Ministério e Vida dos Presbíteros.

OLM – Ordenamento das Leituras da Missa.

Apresentação

Uma das riquezas da ação litúrgica é a diversidade de ministérios, sobretudo quando se observa o zelo e o carinho com que crianças, adolescentes e jovens servem a liturgia como coroinhas e acólitos. Sem dúvida, é um bem espiritual e mistagógico, pedagógico e catequético, que vai formando e iniciando na fé, criando o senso de responsabilidade e compromisso inerente ao ser cristão.

Ainda, o serviço ao altar torna-se uma profunda fonte de motivação vocacional, incentivando e despertando crianças e jovens para o chamado, sobretudo à vida consagrada e ao ministério ordenado. É um ambiente fecundo para ajudá-los a ouvir o chamado do Pai que diz: "Vem, e segue-me" (Lc 18,22).

O aumento observado na quantidade de coroinhas e acólitos em muitas paróquias tem exigido cada vez mais das comunidades pessoas capacitadas para acompanhá-las, orientando-as e formando-as para exercerem com consciência e responsabilidade o ministério e o serviço confiado a cada um. Muitas vezes, esses "tutores", sentem falta de materiais formativos direcionados que os auxiliam nessa missão. O trabalho que aqui apresentamos do Pe. Rogério de Melo e do Diácono Cleverson Martins Teixeira, com carinho redigido, torna-se um instrumento valioso na formação sobre o serviço ao altar, explicando cada rito e símbolo da ação litúrgica.

Aliando as orientações e normas litúrgicas que se encontram na Instrução Geral do Missal Romano e na Introdução ao Lecionário da Missa, bem como na experiencia e prática pastoral de cada um, os autores nos apresentam um roteiro simples e didático de como ensinar acólitos e coroinhas no significado e prática do que devem desempenhar ao servirem na celebração eucarística. Vale aqui observar que algumas das orientações descritas em cada capítulo não são encontradas nos livros litúrgicos, mas são sugestões práticas que devem ser adaptadas a cada realidade.

O Papa Bento XVI, ao falar aos coroinhas e acólitos da Europa em Peregrinação a Roma e que estavam presentes na Audiência Geral na Praça de São Pedro de 4 de agosto de 2010, recordou-lhes o

> profundo amor e a grande veneração que temos de alimentar pela Eucaristia: trata-se de um bem precioso, um tesouro cujo valor não se pode medir, é Pão da vida, é o próprio Jesus que se faz alimento, sustentáculo e força para o nosso caminho de todos os dias e vereda aberta para a vida eterna; é o maior dom que Jesus nos deixou.

Ainda, incentivou-os a servir "com generosidade Jesus presente na Eucaristia. É uma tarefa importante, que permite permanecer particularmente próximos do Senhor e crescer numa amizade verdadeira e profunda com Ele".

Do mesmo modo, desejo que o presente livro ajude coroinhas e acólitos a crescerem no conhecimento do mistério da nossa fé, que se torna ato por intermédio da celebração eucarística, e que o exemplo de São Tarcísio nos leve a amar Jesus cada dia e a cumprir a sua vontade, como fez a Virgem Maria, fiel ao seu Filho até ao fim.

Pe. Thiago Faccini Paro

Introdução

Servir no altar do Senhor é uma honra e uma missão que exige conhecimento, dedicação e amor à liturgia. Coroinhas, acólitos e equipes de liturgia desempenham papéis essenciais para garantir a beleza, a organização e a profundidade espiritual das celebrações. Cada gesto, cada ação e cada momento vivido na Missa não apenas refletem nossa fé, mas também nos ajudam a conduzir a assembleia a uma participação plena, consciente e ativa. Esse serviço vai além de tarefas práticas; é uma expressão de nossa comunhão com Deus e com toda a Igreja.

Este livro foi pensado para você que, como coroinha, acólito, ancila ou membro das equipes de liturgia, deseja conhecer melhor o que significa servir na Missa e como desempenhar suas funções com excelência e espiritualidade.

Antes de iniciarmos, é importante esclarecer os termos que utilizaremos ao longo desta obra. As funções de coroinha, acólito e, em algumas regiões, ancila, podem variar em sua definição e aplicação, dependendo das orientações litúrgicas de cada diocese ou paróquia.

- **Coroinhas:** são, geralmente, crianças e adolescentes que ajudam no altar, auxiliando o sacerdote e os ministros em funções como levar objetos litúrgicos, organizar as procissões e servir nas celebrações.

Freepik/Thales Antonio

- **Acólitos:** são ministros instituídos ou leigos que assumem funções mais específicas no altar, como o cuidado com o Missal, o manuseio do turíbulo, a assistência ao sacerdote na preparação do altar e o serviço mais direto nas celebrações. Em muitas paróquias, o termo "acólito" também pode se referir a jovens ou adultos que exercem essas funções sem serem ministros instituídos.
- **Ancilas:** esse termo é utilizado em algumas comunidades para designar meninas e jovens que auxiliam de forma semelhante aos coroinhas, especialmente em funções de serviço do altar. Embora seja menos comum, seu uso reflete uma tradição local ou regional que merece ser respeitada.

É importante destacar que, dependendo das necessidades pastorais ou da disponibilidade de pessoas, algumas dessas funções podem ser exercidas por outros membros da comunidade. Por exemplo, em pequenas paróquias, é comum que catequistas, Ministros da Palavra ou até membros da equipe de liturgia assumam papéis que em outros lugares seriam específicos de coroinhas ou acólitos.

Essa diversidade não apenas reflete as realidades concretas de cada comunidade, mas também é uma expressão da riqueza da Igreja, que, como Corpo de Cristo, se adapta às suas diferentes realidades culturais e pastorais. Portanto, ao longo deste livro, quando mencionarmos coroinhas, acólitos ou ancilas, saiba que estamos nos referindo a todos aqueles que, de maneira generosa e dedicada, servem no altar do Senhor, independentemente da nomenclatura ou das especificidades locais.

A liturgia não é apenas um conjunto de ritos ou cerimônias; ela é a ação pela qual a Igreja, reunida em nome de Cristo, celebra o Mistério da Salvação. Entender cada gesto, cada objeto e cada parte da celebração é essencial para que possamos não apenas participar, mas viver plenamente o Mistério Eucarístico. Assim, este livro busca responder às suas dúvidas, aprofundar o seu conhecimento e, sobretudo, inspirá-lo a servir com mais zelo e amor.

Exploraremos desde os fundamentos da liturgia até as orientações práticas que podem ser aplicadas no dia a dia no serviço ao altar. Abordaremos os elementos que compõem a Missa, detalharemos os gestos e posturas próprios de cada momento e explicaremos o uso dos objetos litúrgicos. Além disso, dedicaremos um espaço especial para falar sobre a importância das procissões e de como elas contribuem para a solenidade e a harmonia das celebrações. Neste livro encontram-se também dicas úteis para estudo individual e atividades que podem ser realizadas em grupo, ajudando no crescimento pessoal e comunitário. Esse recurso é ideal tanto para formação individual quanto para ser utilizado em encontros de formação para coroinhas, acólitos e equipes de liturgia.

Nosso desejo é que este livro seja mais do que um manual; que ele se torne um guia prático e espiritual para a sua missão no altar. Aqui você encontrará o suporte necessário para compreender a Missa em sua totalidade, desenvolvendo um serviço mais consciente, organizado e rico de significado. Ao se aprofundar no conteúdo, você poderá crescer na fé e ajudar a levar toda a assembleia a uma vivência litúrgica mais plena.

Que este material seja para você um instrumento de aprendizado e espiritualidade e que o ajude a compreender a grandeza da liturgia e a importância de seu papel na construção de uma Igreja mais orante, acolhedora e celebrativa. Seja bem-vindo a essa jornada de formação e compromisso com o Senhor!

Freepik/Thales Antonio

1 A Liturgia e as celebrações litúrgicas

A palavra *liturgia*, de origem grega, significa serviço público, ou seja, algo realizado para beneficiar uma população. Na Igreja essa palavra foi assumida no sentido de serviço religioso e, por isso, é usada para se referir aos atos cerimoniais e rituais da Igreja Católica, como o rito Eucarístico da Missa, por exemplo. O Catecismo da Igreja Católica (CIgC), em seu número 1069, explica a sua origem: "A palavra 'liturgia' significa [...] 'obra pública', 'serviço da parte do povo e em favor do povo' ". Portanto, a liturgia, de acordo com o n. 105 da *Sacrosanctum Concilium* (SC), é o "Cume para o qual tende a ação da Igreja e, ao mesmo tempo, é a fonte de onde emana toda sua força", pois Cristo, nosso Salvador, continua presente em sua Igreja, sobretudo nas ações litúrgicas.

A ação litúrgica na Antiguidade era tida como uma ação em favor do povo, em favor da comunidade e em favor da vida humana e referia-se mais especificamente a uma cerimônia sagrada. Atualmente, podemos entender que a liturgia da Igreja é um conjunto de ritos que servem para a verdadeira edificação da comunidade que a celebra, pois, ao mesmo tempo que edifica os que estão na Igreja em templo santo no Senhor, em morada de Deus no Espírito Santo, fortalece-os para anunciar Jesus Cristo e sua mensagem (cf. SC, n. 2).

A liturgia para a Igreja Católica tem como centro o Mistério Pascal de Cristo, centro de nossa fé, memória do Ressuscitado na vida da Igreja. A liturgia envolve a ação do povo que se reúne para manifestar a sua fé em Deus, por meio de sinais, gestos, símbolos e palavras, que tocam os sentidos (tato, audição, olfato, visão, paladar) do ser humano e transmitem mensagens.

Na Liturgia da Missa celebra-se os mistérios cristãos por meio do culto divino, atualiza-se a obra de Jesus, fazendo memória de sua vida, paixão, morte e ressurreição. Nela, quem segue Jesus Cristo realiza o mais íntimo encontro com o Senhor e recebe a motivação e a força máxima para sua missão no mundo, para cumprir a vontade de Deus em sua vida cotidiana.

1.1 O que é celebrar?

Celebrar é uma palavra de origem latina que significa tornar célebre e quer dizer valorizar, lembrar, recordar, não deixar cair no esquecimento fatos importantes da vida. Celebrar faz parte da vida humana, celebramos todos aqueles fatos que mais foram marcantes, que mais nos tocaram profundamente.

PARE, PENSE E RESPONDA

- Quais acontecimentos são celebrados em sua família?

____

____

____

- Quais acontecimentos são celebrados em sua paróquia e/ou comunidade?

____

____

____

____

A celebração acontece sempre em grupo, em comunidade, quando as pessoas se reúnem para comemorar ou lembrar algo importante como uma data (aniversário) ou acontecimento (batizado, formatura...). Celebrar, portanto, é algo que envolve reunir pessoas em um lugar/espaço, por um determinado tempo, para participarem de momentos especiais relacionados a um acontecimento ou algo importante da vida de uma pessoa ou grupo, envolvendo ritos comemorativos.

PARE, PENSE E RESPONDA

Quando somos convidados para algum tipo de celebração, há uma série de atos específicos relacionados à data ou ao acontecimento.

Escolha uma celebração de que já participou. Anote o que aconteceu antes, durante e depois. Lembre-se de registrar dados sobre o tempo, os objetos e gestos vividos.

Podemos observar a partir de nossas experiências que o ato de celebrar nos proporciona exercitar os nossos sentidos ao ter contato e participar dos diversos momentos, das ações que envolvem a celebração. As ações que fazem parte do ato de celebrar estão associadas ao tempo que marca a sua preparação e duração, ao espaço como o lugar do encontro para participar do fato ou acontecimento que será celebrado, aos gestos que expressam o que está sendo vivido e aos sentimentos envolvidos; os símbolos que comunicam algo relacionado ao que está sendo celebrado.

Freepik

Na Igreja Católica celebrar é mais do que simplesmente participar de um evento ou assisti-lo passivamente. Vejamos alguns aspectos que nos ajudam a melhor compreender o que é celebrar:

- **É mais do que participar de uma festa:** celebrar é vivenciar um momento muito especial de encontro com Deus, de entrar em comunhão com Ele. É um momento para agradecer por tudo o que Ele nos dá, por sua presença em nossas vidas e todo o amor que nos oferece. Por isso, é necessário que a participação seja ativa e plena, ou seja, deverá acontecer por meio da escuta da Palavra de Deus, do silêncio sagrado, do acompanhamento dos gestos, pelos movimentos, pelos diversos serviços realizados na celebração, entre outras expressões significativas que possibilitam a comunicação com o sagrado, com o divino.

- **É participar da Ceia do Senhor:** você já parou para pensar em como a Missa se conecta com a vida de Jesus? Na Última Ceia, Jesus compartilhou o pão e o vinho com seus discípulos, antecipando o grande sacrifício que faria por nós pedindo para que se repetisse o seu gesto ao dizer: "Fazei isto em memória de mim" (Lc 22,19). Ao celebrar a Eucaristia, nós revivemos esse momento e nos unimos a Jesus, participando de seu Corpo e de seu Sangue.

- **É um compromisso com Deus:** celebrar também é um compromisso. É renovar as promessas que nossos pais e padrinhos fizeram no momento de nosso batismo e dizer para Deus: "*Eu quero seguir seus passos, viver o Evangelho e fazer a diferença no mundo*". Ao participar da celebração da Missa, estamos dizendo que queremos ser discípulos de Jesus e construir um mundo mais justo e fraterno entrando em comunhão com o Senhor e com os irmãos.

- **É saber celebrar no dia a dia:** celebrar não é só participar da Missa! Podemos celebrar a fé e a vida em todos os momentos: ao acordar pela manhã, ao agradecer por mais um dia, ao compartilhar um momento com a família, ao ajudar alguém que precisa, na recepção dos sacramentos que são repetidos continuamente como Eucaristia, a Penitência e Unção dos Enfermos. Celebrar é encontrar beleza e alegria nas pequenas coisas do dia a dia, é abrir-se à liberdade e ao bem, é deixar-se envolver por Deus e seu amor.

1.2 O que é a celebração litúrgica?

A celebração litúrgica, como vimos anteriormente, é muito mais do que apenas participar de um evento ou comemorar algum acontecimento da vida de alguém. Ela é um ato profundamente espiritual e comunitário, por meio do qual os fiéis se unem a Deus e entre si. Na celebração litúrgica acontece o diálogo entre Deus e seu povo. Estando a comunidade reunida, Deus fala a seu povo e o povo responde a Ele por meio de cânticos e orações. Na celebração, o povo apresenta a Deus seus pedidos, agradecimentos e dele recebe as graças. Por isso, podemos dizer que celebrar é uma ação de toda a Igreja, que atualiza, torna presente, isto é, faz memória da ação de Deus em prol da salvação, conforme está escrito no Evangelho de Lucas 22,14-20.

As celebrações litúrgicas são o coração da vida da Igreja. O ser humano foi criado por Deus para viver em comunidade, como nos apresenta Gn 2,18 "não é bom que o ser humano esteja só". Assim, busca-se celebrar todas as suas conquistas, alegrias, tristezas e desafios em comunidade.

Quando falamos de celebração litúrgica, estamos nos referindo a um momento especial na vida da Igreja em que a comunidade se reúne para louvar, agradecer e pedir a Deus. É uma ocasião sagrada na qual nos unimos ao céu para adorar e nos fortalecer na fé. As celebrações litúrgicas incluem: a Santa Missa; os sacramentos como o Batismo, a Crisma, a Eucaristia, a Ordem e o Matrimônio; e outros ritos importantes da Igreja.

Celebrar significa participar ativamente do mistério de Deus. Cada um de nós, como parte do Corpo de Cristo, tem um papel importante durante a celebração litúrgica. Para os coroinhas e acólitos, essa participação é ainda mais especial, pois servem diretamente ao altar, ajudando o padre e a comunidade a viverem melhor o momento de celebração.

Mas o que diferencia a celebração litúrgica de outros momentos de oração?

É o fato de que ela é organizada de acordo com um rito, ou seja, segue uma ordem e estrutura que nos ajuda a viver cada gesto e cada palavra com sentido. A liturgia é a maneira oficial pela qual a Igreja celebra a presença de Cristo entre nós.

PARA RESUMIR E MEMORIZAR

Complete o esquema escrevendo sobre:

O que é celebrar

O que são celebrações litúrgicas

Imagem criada com inteligência artificial

Imagem criada com inteligência artificial

Imagem criada com inteligência artificial

Pixabay/Rapha16

2 Celebrações litúrgicas e seus elementos

A celebração litúrgica é como um grande quebra-cabeça, o qual cada peça tem um significado especial. Muitos são os elementos que compõem essa celebração tão importante para nós: a assembleia, os ministérios (ministros ordenados, instituídos e confiados), a proclamação da Palavra de Deus, a homilia, os símbolos e ações simbólicas, os sacramentais, o canto, o espaço da celebração e o tempo. Vamos entender cada um desses elementos que constituem uma celebração.

2.1 Assembleia: as pessoas que se reúnem para celebrar

A primeira pergunta que se deve fazer é: Como constituímos uma assembleia? Por que iniciar essa reflexão com essa pergunta? De maneira geral, em nosso entendimento comum, podemos imaginar que a assembleia é o ajuntamento de pessoas, porém, vai muito além disso. O aglomerado de pessoas que se reúnem em um mesmo lugar e com o mesmo objetivo é o primeiro ponto para começarmos a identificar a assembleia. Qual deve ser o objetivo dessas pessoas?

Em nosso caso o objetivo das pessoas que se reúnem em uma igreja, em uma comunidade, é celebrar o Mistério Pascal de Jesus Cristo, ou seja, sua Vida, Morte e Ressurreição. Assim, a comunidade reunida para celebrar, torna-se a primeira realidade visível da liturgia cristã.

Ela é a manifestação do Senhor na Igreja, pois responde ao chamado do Senhor para expressar a sua fé. Aqui encontramos outro ponto que nos identifica como assembleia, responder SIM ao chamado de Deus que nos convida para estarmos reunidos em seu amor. Confirmamos isso ao rezar no início da celebração: "Bendito seja Deus que nos REUNIU no amor de Cristo".

Frei Alberto Backhäuser, OFM (2015, p. 27), afirma que "para pertencer a uma assembleia cristã não é preciso ser santo, basta ter recebido a fé da Igreja e não a ter renegado publicamente [...]. A assembleia é, portanto, constituída de pessoas convertidas e em disposição de conversão contínua". Reunir-se em assembleia é fazer uma experiência comunitária de encontro com o Senhor. Trata-se de uma ação que gera igualdade de dignidade, respeito às diferenças e fraternidade. É, portanto, uma experiência em que todos se acolhem como filhos(as) do mesmo Pai, concentram-se em Cristo e em sua mensagem (cf. Backhäuser, 2008, p.109).

Compreende-se, assim, que se reunir em assembleia é manifestar unidade ao participar ativamente da celebração durante as orações e os cantos, na realização dos gestos, na expressão corporal (sentar, levantar, ajoelhar, estar em pé), na escuta da Palavra de Deus por meio das leituras, entre outras ações. A celebração não é um ato fechado e misterioso, mas aberto a todo aquele que desejar participar dele colocando-se em unidade com a assembleia, com a comunidade cristã, na busca constante da santidade.

Reunimos-nos em torno do altar para celebrar, respondendo ao chamado do Senhor, tornando-nos como iguais diante daquele que nos chama, porém, no decorrer da celebração é necessário que algumas pessoas exerçam determinadas funções para que o ato celebrativo ganhe maior brilho e beleza diante de Deus e dos homens. Isso não os torna melhores do que os outros, mas exige destes maior comprometimento e zelo, colocando seus dons e talentos a serviço da comunidade, pois "a quem muito é dado, muito será cobrado" (cf. Lc 12,47).

2.2 Ministérios

Na assembleia celebrante encontramos os ministérios, cada um desempenhando um papel. Para entender o significado dos ministérios é importante deixar de lado a falsa ideia de que ao desempenhar uma função na Igreja, na assembleia litúrgica, ganhamos notoriedade e, por isso, somos mais importantes do que outros.

Para orientar a assembleia reunida precisamos de pessoas que se colocando a serviço contribuam para ajudá-la a aproximar-se de Deus, sendo ponte entre Ele e seu povo. Essas pessoas têm papéis específicos entre os membros da assembleia. São elas:

a) Os ministros ordenados: bispos, padres e diáconos

Tanto em nossas comunidades quanto nos momentos em que nos reunimos em assembleia precisamos de alguém que lidere, colocando-se a serviço do povo de Deus reunido, sendo imagem viva de Cristo entre a comunidade, agindo *In Persona Christi*, ou seja, na pessoa de Cristo. Trata-se daquele que recebe o Sacramento da Ordem, tornando-se um ministro ordenado.

Os homens que recebem esse sacramento tornam-se aptos pela ação do Espírito Santo para atuar como representantes de Cristo-Cabeça a serviço do povo de Deus. Esses homens escolhidos e consagrados/ordenados, são os bispos, os padres e os diáconos. Entre as funções dos ministros ordenados, há em comum a função da presidência litúrgica, em que atuam como servo da comunidade que lhes foi confiada, como representantes de Cristo que caminha com seu povo. Cabe distinguir a função de cada um deles:

- **Bispo:** é o sucessor dos apóstolos e tem a missão de ensinar, santificar e reger o povo. Faz parte de sua missão de: governar a Igreja local seja ela uma prelazia, uma diocese, uma arquidiocese; orientar e acompanhar os presbíteros; ser o promotor e guardião de toda a

Freepik/faabi

vida litúrgica (cf. IGMR, n. 22) e ser o principal dispensador dos mistérios de Deus agindo como Cristo-Cabeça. Para cumprir a sua missão fundamenta-se na Tradição, na Palavra de Deus e no Magistério da Igreja para ensinar as pessoas a trilharem o caminho de Jesus "Caminho, Verdade e Vida" (Jo 14,6). Ainda, o bispo pode presidir ou assistir os sete sacramentos.

Freepik/ saiko3p

- **Presbítero:** é o colaborador do bispo que atua nas celebrações litúrgicas como ministro de Cristo e em sua pessoa. Ele exerce seu ministério sobretudo na eucaristia, como ministro da Palavra e do Sacrifício. O presbítero pode presidir ou assistir os seguintes sacramentos, como ministro ordinário: Batismo, Eucaristia, Reconciliação, Unção dos Enfermos e Matrimônio.

- **Diácono:** colaborador do bispo e auxiliar do presbítero, realiza diversas funções. Entre elas está a Proclamação do Evangelho, a preparação das ofertas no altar, a distribuição da Sagrada Eucaristia e realizar o envio final. Ele pode presidir ou assistir o Batismo e o Matrimônio e presidir a Celebração da Palavra (cf. LG, n. 29). Seu ministério surge no Livro dos Atos dos Apóstolos 6,1-7 com a missão de zelar pela caridade, anúncio da Palavra e na Liturgia.

©Diácono Cleverson Martins Teixeira

Uma celebração litúrgica não será pastoralmente eficaz se o presidente não souber guiar e animar a assembleia do povo de Deus. As principais atividades desempenhadas pelo presidente da celebração são:

- Acolher a assembleia unindo-a no amor de Cristo.
- Coordenar a assembleia para que todos possam desempenhar suas funções em favor do povo de Deus.
- Iniciar e encerrar a celebração.
- Orar em nome da Igreja e de Cristo.
- Ser servo da Palavra de Deus, atualizando a Boa-nova na vida da comunidade na homilia.
- Realizar os gestos sacramentais.

b) Os ministros instituídos: leitores e acólitos

O Papa São Paulo VI estabeleceu em 1972, com o Motu Proprio *Ministeria quaedam,* dois *ministérios instituídos* para serem conferidos a leigos: de leitor e de acólito. Esses, anteriormente, eram reservados apenas para os homens que se preparavam para o ministério ordenado diaconal e/ou sacerdotal. Esses ministérios têm rito próprio e são conferidos pelo bispo sem a imposição das mãos, que é um gesto específico do sacramento da Ordem. Em janeiro de 2021, o Papa Francisco estabeleceu que mulheres também recebessem esses ministérios e de que a elas seja atribuído o ato litúrgico que as institucionalize. Assim, atualmente, homens e mulheres podem exercer os ministérios instituídos como leitores e acólitos em suas comunidades, que estão relacionados com a celebração litúrgica.

O ministério do Leitor envolve a missão de proclamar as leituras da Sagrada Escritura, exceto o Evangelho, na celebração eucarística, na celebração da Palavra, recitar o salmo na ausência do salmista, apresentar as intenções da oração dos fiéis e, também, é destinado à sua função preparar bons leitores para a proclamação da Palavra de Deus (cf. MQ, n. 5, 1972). Ainda, na ausência do diácono, o leitor instituído pode levar na procissão de entrada o Evangeliário, livro litúrgico que contêm somente as leituras dos Evangelhos.

©Edson Luiz Oleniki

Imagem criada com inteligência artificial

O acólito instituído tem a função de ajudar o sacerdote e o diácono no serviço do altar. Na ausência do diácono poderá preparar o altar na liturgia Eucarística e purificar os vasos sagrados após o rito de comunhão. Também poderá assumir a função de distribuir a eucaristia na ausência de um Ministro Extraordinário da Sagrada Comunhão, expor o Santíssimo Sacramento à adoração, mas não pode dar a bênção com o Santíssimo. Esse ministério também permite a acólitos presidir a celebração da Palavra junto ao povo de Deus.

c) Ministérios confiados

Podemos identificar como membros do ministério confiado: ministro da Palavra, ministro do Batismo e aqueles outros ministros que realizam vários serviços necessários à celebração litúrgica.

Esses ministérios, que podemos chamar de funções ou ofícios litúrgicos, são confiados pelo presbítero ou pela comunidade aos homens e mulheres de boa vontade que se mostram disponíveis para desempenhá-los de maneira constante ou ocasional. Esses são alguns dos ofícios que podem ser desempenhados na comunidade:

- **A serviço da Assembleia:** são ofícios muitas vezes discretos, mas essenciais para uma boa acomodação do povo. Entre eles encontramos a acolhida, a ornamentação, a limpeza, o cuidado com a sacristia e tudo o que nela se encontra (sacristão), entre outras.

- **A serviço da Palavra de Deus:** ofício que tem a missão de proclamar a Palavra de Deus nas celebrações litúrgicas. Aqui destacamos os leitores não instituídos, os salmistas (rezam ou cantam os salmos da celebração), precistas, entre outros.

- **A serviço do canto litúrgico:** tem a missão de animar a celebração com cantos que enalteçam o ato litúrgico celebrado. Entre eles encontramos: cantores e coro, diretor de canto, regente do coro, organistas, músicos, entre outros.

- **A serviço do altar e da presidência:** esses ofícios auxiliam junto ao altar, na credência, ou a presidência com os livros litúrgicos. Entre eles encontramos: os Ministros Extraordinários da Sagrada Comunhão, o mestre de cerimônias, os coroinhas e acólitos não instituídos, entre outros.

O coroinha, o acólito e ancila: um servidor especial

O papel do coroinha, do acólito e da ancila[1] na celebração litúrgica é de grande responsabilidade, pois como servidores do altar, ajudam o sacerdote e toda a comunidade a viver esse momento de modo mais profundo. Além de conhecer os elementos que fazem parte da liturgia e seu significado, é importante lembrar que a maneira como servem reflete o amor e a reverência a Deus. Cada movimento, cada gesto deve ser realizado com atenção e respeito, pois estão acontecendo ao próprio Cristo.

Imagem criada com inteligência artificial

Os coroinhas exercem funções mais "simples" porém importantes, na celebração litúrgica, por exemplo, segurando as cestinhas ou caixinhas no ofertório, levando ao altar os cibórios e galhetas ou mesmo evangelizando com sua presença no presbitério. Cabe lembrar que esses são exemplos de funções que eles podem desempenhar. Contudo, em algumas comunidades, devido à escassez de acólitos ou mesmo pela maior experiência dos coroinhas, algumas funções desempenhadas pelos acólitos podem ser confiadas aos coroinhas.

1 Nomenclatura encontrada em diversas dioceses para designar as meninas que exercem as funções de acólitos não instituídos.

Os acólitos e ancilas, por sua maturidade e conhecimento litúrgico, exercem funções mais complexas, ou seja, que exigem maior responsabilidade, tais como:

Naveteiro Turiferário

Ceroferário Cruciferário

Librífero

Coroinhas

Turiferário – levar o turíbulo.

Naveteiro – levar a naveta.

Cruciferário – carregar a cruz processional.

Ceroferário – levar as velas e tochas nas procissões.

Librífero – conduzir e apresentar os Livros Sagrados (Bíblia, Missal, Lecionário, Evangeliário) usados durante as celebrações litúrgicas.

Cerimoniário – atuar na organização e bom andamento da celebração.

Preparar o Missal – livro litúrgico que contêm o rito da Missa e segurar o microfone para o presidente da celebração.

Quando o bispo celebra na comunidade é comum encontrarmos os acólitos/ancilas assumindo o ofício de mitríferos e baculíferos, que seguram a mitra e o báculo (cajado) do bispo durante as celebrações. Outros ofícios também podem ser atribuídos aos acólitos/ancilas conforme a

Mitrífero Baculífero

Ana Maria Oleniki

necessidade de cada comunidade. O importante é desempenhar a função compreendendo que está a serviço de Cristo em meio à assembleia.

Essas funções podem variar conforme a realidade de cada comunidade, pois a maturidade e o conhecimento influenciam no seu desempenho.

2.3 A Palavra de Deus

A Bíblia é o livro sagrado dos cristãos e, durante as celebrações litúrgicas, é realizada a proclamação da Palavra de Deus por meio da leitura de textos do Antigo e do Novo Testamento. Essas leituras ajudam a comunidade a compreender melhor a história da salvação e a aplicar os ensinamentos de Jesus em sua vida. A Palavra é a luz que guia os passos do povo de Deus.

2.4 A homilia

É uma explicação sobre a Palavra de Deus proclamada na celebração, realizada pelo padre ou diácono. A homilia auxilia a comunidade a entender o significado e a mensagem das leituras que foram escutadas na celebração, apontando como é possível relacioná-las com nossa vida cotidiana, com o fortalecimento e prática da fé.

2.5 Os símbolos e as ações simbólicas: pontes para o Sagrado

Um símbolo é algo que representa ou sugere outra coisa, geralmente uma ideia abstrata ou um conceito. É uma forma de comunicação não verbal que utiliza imagens, objetos ou ações para transmitir significados mais profundos. Os símbolos evocam emoções, associações e experiências pessoais.

A celebração litúrgica está repleta de símbolos que nos ajudam a entrar em contato com o mistério de Deus. Dentre eles podemos destacar:

- **A cruz:** é o símbolo central do cristianismo, que nos lembra o amor de Deus por nós e a nossa salvação.
- **As velas:** representam a luz de Cristo que ilumina nossas vidas.
- **O incenso:** é um símbolo da oração da Igreja que se eleva ao céu.
- **A água abençoada:** lembra-nos do Batismo e da purificação.
- **O altar:** é o lugar sagrado onde se celebra a Eucaristia.
- **O pão e o vinho:** tornam-se o Corpo e Sangue de Cristo na Eucaristia.
- **O Círio Pascal:** usado no Tempo Pascal e nos sacramentos de iniciação cristã, recorda-nos que Cristo é a Luz dos homens e do mundo e que sua Luz brilha sobre nós.
- **O óleo:** usado nos sacramentos e sacramentais, manifesta a força que provêm do Senhor sobre aquele que foi ungido.

Freepik/ ImaagioCG, kjpargeter, pikisuperstar, Storyset

Na liturgia católica os símbolos são utilizados de forma intencional e rica em significado. Ao compreender o simbolismo litúrgico, podemos participar de forma mais consciente das celebrações e aprofundar nossa fé.

As ações simbólicas na liturgia são gestos e rituais que expressam verdades espirituais e ajudam os fiéis a viverem mais profundamente o mistério de Deus. Esses gestos não são realizados por acaso; cada um tem um significado especial que nos aproxima de Cristo. Por exemplo,

- ao realizarmos o Sinal da Cruz lembramo-nos da Santíssima Trindade e o sacrifício de Cristo na cruz;
- ao realizarmos as procissões (de entrada para o Evangelho, das oferendas, de comunhão e final), recordamos a caminhada do povo de Deus em direção ao céu. Somos o povo peregrino que segue a Cristo, o Bom Pastor;
- ao inclinarmos ou realizarmos a genuflexão reverenciamos ou adoramos o destinatário da ação;
- ao fazer silêncio, os fiéis procuram ouvir o Senhor. Deve-se observar o silêncio antes de iniciar a celebração, no ato penitencial, no convite da oração Coleta, entre as leituras e a homilia e após a comunhão.

2.6 Os sacramentais

Antes de refletirmos sobre os sacramentais como elementos presentes nas celebrações litúrgicas é importante entender que os sacramentos – Batismo, Confirmação, Eucaristia, Penitência, Ordem, Matrimônio, Unção dos Enfermos – são sinais sagrados instituídos por Jesus Cristo para comunicar a graça da salvação de Deus e fortalecer nossa caminhada de fé. Por meio deles, recebemos a força do Espírito Santo para vivermos como verdadeiros cristãos. Cada sacramento tem um significado especial e nos ajuda a viver a nossa fé mais plenamente como membros da Igreja.

Os sacramentos não são apenas rituais, mas momentos de encontro com Jesus, que nos acompanha e nos dá força em cada etapa da vida. Os coroinhas têm um papel especial em ajudar a comunidade a celebrar esses momentos com reverência e amor.

Alguns sacramentos podem ser celebrados durante a Santa Missa, com ritual próprio, como o Batismo, a Confirmação, a Unção dos Enfermos e o Matrimônio. Outros só podem ser recebidos durante a Santa Missa: a Ordem e a Eucaristia. Este último pode ser recebido na celebração da Palavra ou na administração do viático (comunhão aos que se encontram gravemente enfermos).

Os sacramentais, por sua vez, são sinais sagrados que a Igreja nos oferece para ajudar a nos aproximarmos de Deus e vivermos nossa fé de maneira mais concreta no dia a dia. Eles não são sacramentos, mas ajudam a preparar nosso coração para receber a graça de Deus e santificam os momentos da nossa vida. Segundo o que nos orienta a *Sacrosanctum Concilium* (n. 60), os sacramentais são instituídos pela Igreja. Eles são

> [...] sinais sagrados que imitam um pouco os sacramentos. Por meio deles e pela intercessão da Igreja, resultam benefícios, sobretudo espirituais. Pelos sacramentais as pessoas se dispõem a receber os efeitos principais dos sacramentos, e são santificados os diversos momentos da vida.

Os sacramentais, portanto, são sinais simples, mas muito poderosos, porque nos convidam a viver com fé em todas as situações, reconhecendo a presença de Deus em cada detalhe da nossa vida. Alguns exemplos de sacramentais são:

- as bênçãos (de pessoas, objetos ou lugares);
- a água benta;
- as velas;
- a imposição das cinzas na Quarta-Feira de Cinzas;

- objetos abençoados como o crucifixo, o escapulário, os terços, as medalhas de devoção aos santos e a Nossa Senhora, entre outros. Eles nos lembram da presença de Deus e nos protegem do mal.

Os coroinhas e acólitos ajudam a usar alguns desses sacramentais durante as celebrações, como quando o sacerdote abençoa a assembleia com a água benta ou usa o incenso para simbolizar nossas orações subindo a Deus.

2.7 A música e os cantos: a linguagem do coração

Os **cantos e as músicas** têm um papel fundamental na celebração litúrgica. Eles são uma linguagem especial que nasce do coração e nos conecta mais profundamente com Deus e com a assembleia, para vivenciar um momento de profunda espiritualidade. O canto é como a voz da Igreja, por meio dele é possível refletir, expressar e transmitir a nossa fé, louvar a Deus, nos unir como comunidade, fortalecendo nossos laços com Ele e com os irmãos, e a participar mais plenamente do mistério celebrado. Quando cantamos, não estamos apenas usando palavras; estamos oferecendo a Deus o melhor do nosso ser, com alegria, gratidão e amor.

A música e o canto não são apenas um enfeite, mas uma parte essencial do rito, que acompanha e realça a beleza e a profundidade de cada momento da celebração, estando presente:

- **Nos Ritos iniciais:** os cantos de entrada devem preparar a comunidade para a celebração, criando um clima de oração e devoção.
- **Na Liturgia da Palavra:** os salmos e hinos devem ajudar a meditar a Palavra de Deus.

- **Na Liturgia Eucarística:** os cantos do ofertório e da comunhão devem expressar nossa gratidão por Deus e nossa participação no Mistério Pascal.
- **Nos Ritos finais:** os cantos de despedida devem contribuir para enviar a comunidade em missão, fortalecida pela graça de Deus.

Na celebração também encontramos os cantos que são parte integrante do rito, como o ato penitencial, o Santo e o Cordeiro de Deus, o Glória. Eles devem ser cantados por inteiro, seguindo o texto presente no Missal.

Os cantos devem ser escolhidos conforme o tempo litúrgico (Advento, Natal, Quaresma, Páscoa, Tempo Comum) celebrado, por isso, nos tempos do advento e quaresma não são cantados o hino de louvor (glória) e o aleluia é omitido na quaresma. Os cantos escolhidos para cada tempo devem ajudar a comunidade a vivenciar mais profundamente o mistério que está sendo celebrado.

Os grupos e/ou equipes de canto desempenham um papel fundamental na liturgia. Eles são responsáveis por animar a assembleia, preparando os cantos, ensaiando e coordenando os músicos. É importante que sejam formados por pessoas bem-preparadas para saber escolher o repertório adequado para cada celebração.

Os servidores do altar (coroinhas, acólitos e ancilas) também fazem parte dessa música do coração, seja cantando, ajudando com o Missal ou simplesmente participando com atenção e reverência. Lembrem-se: a música é um dom que nos faz sentir mais próximos de Deus e ajuda a transformar nossas celebrações em verdadeiras festas de fé!

2.8 Espaço da celebração

Já parou para pensar no lugar especial onde celebramos a Missa e no tempo sagrado que vivemos durante a celebração?

O espaço da igreja e o tempo litúrgico são como um palco onde se desenrola um grande mistério: o encontro de Deus com o seu povo. A igreja é mais do que apenas um prédio. É um lugar sagrado, onde sentimos a presença de Deus de forma mais intensa. O espaço celebrativo de uma comunidade é o conjunto de diferentes espaços que formam um único ambiente litúrgico.

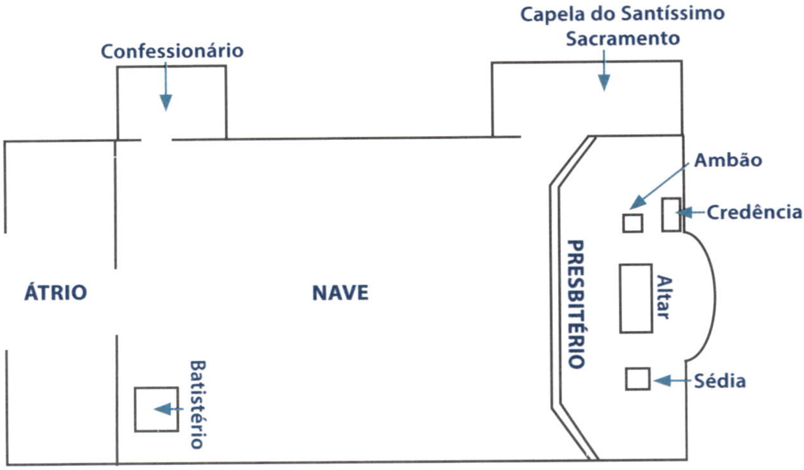

Quando falamos dos espaços em que a liturgia é celebrada, fazemos referência ao lugar e a tudo que ele contém: arte, arquitetura e objetos/elementos que encontramos aos arredores, dentro e fora do edifício. Fazem parte do espaço celebrativo:

- **Átrio:** lugar externo ou o local antes da porta principal da igreja. Serve como umbral e lugar de encontro informal. É o local usado pela equipe de acolhida para saudar as pessoas que chegam à igreja.
- **Nave:** parte central de uma igreja, que vai da porta de entrada até o espaço do presbitério, destinada à assembleia, que celebra a liturgia sob a presidência do ministro que representa Cristo. Nela, o povo é

convidado a ver as ações e ouvir as palavras proclamadas. Na Nave encontram-se: o batistério, o confessionário, os quadros das 14 estações da Via-sacra que retratam a paixão, a morte e a sepultura de Jesus, e as cadeiras/bancos, que são os lugares da assembleia que se reúne em comunidade, como irmãos, para celebrar.

- **Confessionário:** esse espaço é o local da reconciliação, onde irmãos e irmãs buscam a purificação por meio da absolvição dos pecados.
- **Batistério:** nesse espaço encontramos a pia batismal, fonte de iniciação cristã. Ele pode ficar numa capela devidamente identificada, ou próximo a porta de entrada, lembrando-nos de que é por meio do Batismo que somos inseridos na comunidade de fé, Igreja de Cristo. Encontramos também em algumas igrejas a pia batismal colocada próximo ao altar, que nos lembra de Cristo crucificado, do seu lado aberto, jorrando Sangue (Eucaristia) e água (Batismo).
- **Presbitério:** é o espaço onde acontece toda a ação litúrgica, em que estão o altar, o Ambão e a Sédia. Esses três elementos têm simbolismo próprio:
    - **O altar:** é o centro da Igreja, pois representa Cristo. Ele é a mesa sobre a qual se celebra o sacrifício do Senhor, por isso, o chamamos de Mesa Eucarística. Ao nos colocarmos em torno da Mesa nos pré-dispomos a alimentarmo-nos de Cristo Eucarístico.

Pixabay/Queven

    - **O ambão:** também chamado de Mesa da Palavra é o móvel utilizado para a proclamação da Palavra de Deus. Em torno dele nos alimentamos da Palavra viva que o Senhor nos concede.

Freepik/Revoteagency1

- **A sédia:** chamada de Cadeira da Presidência, é o lugar onde se senta o presidente da celebração e dela conduz a comunidade dos fiéis, simbolizando Cristo cabeça da Igreja.

Imagem criada com inteligência artificial

Podemos também encontrar no presbitério:

Capela do Santíssimo Sacramento: na reforma, promovida pelo Concílio Vaticano II, pede-se que o Santíssimo Sacramento seja colocado numa capela para que os fiéis possam realizar suas orações privadas diante do Senhor. Esse é o local onde encontramos o Sacrário. No entanto, nem todas as comunidades têm esse espaço, ficando o Sacrário, em algumas delas, próximo ao altar.

Pixabay/Rapha16

A credência: mesa pequena, próxima ao altar, onde são colocados os objetos litúrgicos, que serão utilizados na celebração.

Imagem criada com inteligência artificial

2.9 O tempo e a celebração litúrgica

O tempo e o espaço são duas coisas importantes na vida de todo ser humano. O tempo é algo que não podemos tocar ou segurar, mas sentimos sua passagem em cada dia, mês ou ano. Para nós, cristãos, o tempo não é só aquilo que medimos com relógios ou calendários; ele tem um significado especial, porque é nele que vivemos a nossa fé e encontramos a Deus.

No Antigo Testamento, o povo de Israel já entendia que o tempo não era apenas o passar das estações, como primavera ou verão. Eles celebravam momentos importantes em sua história, como a saída do Egito (Êxodo), na Páscoa, ou a Aliança com Deus, no Sinai, durante o Pentecostes. Esses momentos se tornavam "tempos sagrados", porque recordavam a presença e a ação de Deus na vida deles. Para os cristãos, o tempo ganhou um sentido ainda mais especial: tudo passou a girar em torno de Jesus Cristo, especialmente da sua Páscoa (morte e ressurreição).

É assim que o Ano Litúrgico foi organizado. Ele é dividido em tempos que marcam os momentos mais importantes da vida de Jesus e da Igreja. Cada tempo litúrgico, celebrado ao longo do ano, tem suas próprias cores, leituras e cantos que nos ajudam a viver mais intensamente a fé. São eles:

- **O Tempo do Advento:** é o tempo de alegre espera pelo Natal, quando nos preparamos para o nascimento de Jesus.
- **O Tempo do Natal:** celebramos o nascimento de Jesus, o Filho de Deus, que veio ao mundo para nos salvar.
- **O Tempo da Quaresma:** é um tempo de penitência e conversão, quando nos preparamos para a Páscoa.
- **O Tempo Pascal:** celebramos a ressurreição de Jesus, a vitória sobre a morte e o pecado.
- **O Tempo Comum:** é o tempo entre as grandes festas, quando celebramos a vida cotidiana e a presença de Deus em nosso dia a dia.

O espaço sagrado e o tempo litúrgico estão intimamente ligados. Ao celebrarmos a Missa, entramos em um tempo e em um espaço sagrados, onde podemos experimentar a presença de Deus de forma mais profunda.

ATIVIDADES

1. É hora de participar de um jogo, para isso siga as orientações:

a) Forme grupos para elaborar perguntas e respostas do texto estudado.

- Divida uma folha de papel sulfite em um número par de tiras iguais. Em uma metade das tiras escreva "Pergunta" na parte superior. Na outra parte das tiras escreva "Resposta".
- Em cada tira "Pergunta", elabore uma questão sobre o assunto estudado.
- Em cada tira "Resposta", elabore uma explicação para cada pergunta realizada.
- Concluída essa parte, é hora de jogar.

b) Façam rodadas usando as tiras de perguntas. Em cada rodada um participante de um dos grupos lê a pergunta para que o outro grupo responda.

c) Anotar em folha os erros e acertos de cada grupo.

d) Ao final das rodadas de perguntas, o coordenador confere as respostas equivocadas e, com todos os grupos, revê o conteúdo para que todos tenham a oportunidade de aprender corretamente.

2. Individualmente pense e responda:

- Qual a importância dos elementos de uma celebração litúrgica para as pessoas que participam dela? E para você?

3 A Eucaristia

A Eucaristia é o próprio Cristo e, por isso, esse sacramento "é fonte e ápice de toda a vida cristã" (CIgC, n. 1324). O sacramento da Eucaristia, presença de Jesus na Igreja, é caminho de Salvação instituído por Cristo e centralizado nele. A Eucaristia "Destina-se à santificação dos homens, à edificação do Corpo de Cristo e ainda ao culto a ser prestado a Deus." (SC, n. 59). É sinal visível da presença de Cristo entre nós e um meio eficaz de Salvação.

freepik/Vetre

A Eucaristia é o sinal da unidade, o vínculo da caridade, o banquete pascal no qual se recebe Cristo. Quem recebe a Eucaristia é coberto de graça e pode experimentar antecipadamente a vida eterna.

Ao celebrar a Eucaristia em nossos altares, olhamos para Jesus na Última Ceia, realizando com seus discípulos o rito da Páscoa judaica. Esse rito acontecia para celebrar a fé em Deus e fazer memória da libertação da escravidão no Egito, que o Senhor concedeu ao povo de Israel, povo judeu. Com os gestos de Jesus de tomar o cálice e o pão nas mãos, Ele transforma o rito judaico no memorial da sua Paixão, Morte e Ressurreição, o que está bem indicado no Evangelho e na primeira Carta aos Coríntios:

> Enquanto comiam, Jesus tomou o pão e, tendo-o abençoado, partiu-o e, distribuindo aos discípulos, disse: "Tomai

> e comei, isto é o meu corpo". Depois, tomou um cálice e, dando graças, deu-o a eles dizendo: "Bebei dele todos, pois isto é o meu sangue, o sangue da Aliança, que é derramado por muitos para a remissão dos pecados" (Mt 26,26-28).
>
> Porque eu recebi do Senhor o que vos transmiti: o Senhor Jesus, na noite em que foi entregue, tomou o pão e, depois de dar graças, partiu-o e disse: "Isto é o meu corpo, que se dá por vós; fazei isto em memória de mim". Do mesmo modo, depois de cear, tomou o cálice, dizendo: "Este cálice é a nova Aliança no meu sangue; todas as vezes que dele beberdes, fazei-o em memória de mim". Pois todas as vezes que comerdes desse pão e beberdes desse cálice, anunciareis a morte do Senhor, até que Ele venha (1Cor 11,23-26).

Ao celebrar a memória da sua Paixão, Morte e Ressurreição, vemos que Jesus mesmo se faz presente e permanece no nosso meio pelo sacramento da Eucaristia. Assim, em cada Missa recordamos que "A Eucaristia é uma ceia sagrada na qual Deus convida seus filhos, por Cristo, no Espírito Santo, para viver a partilha. Seu aspecto comunitário promove a fraternidade e a solidariedade" (Bogaz, 2021, p. 73). Na Eucaristia nos encontramos com Deus, assumimos o compromisso de servir aos irmãos e de renovar as atitudes, as palavras e as ações. Ela é o alimento espiritual que nos motiva a praticar o bem.

Freepik

3.1 Os nomes da Eucaristia

O sacramento da Eucaristia, chamado nos Evangelhos de Ceia Senhor e Fração do Pão, com o passar do tempo recebeu muitos outros nomes, mas todos eles tentam explicar alguns aspectos da riqueza desse sacramento. Vejamos quais são eles:

- **Eucaristia**, porque é ação de graças a Deus. As palavras "eucharistein" (Lc 22,19; 1Cor 11,24) e "eulogein" (Mt 26,26; Mc 14,22) lembram as bênçãos judaicas que proclamam – sobretudo durante a refeição – as obras de Deus: a criação, a redenção e a santificação.

- **Ceia do Senhor**, visto que se trata da ceia que o Senhor comeu com os discípulos na véspera da sua paixão e da antecipação da ceia das bodas do Cordeiro na Jerusalém celeste.

- **Fração do Pão**, porque esse rito, próprio da refeição judaica, foi utilizado por Jesus quando abençoava e distribuía o pão como presidente da mesa, sobretudo por ocasião da Última Ceia. É por esse gesto que os discípulos reconhecem o Senhor após a ressurreição, e é com essa expressão que os primeiros cristãos designarão as suas assembleias eucarísticas. Com isso querem dizer que todos os que comem do único pão partido, Cristo, entram em comunhão com Ele e formam um só corpo.

- **Assembleia eucarística** (sýnaxis), dado que a Eucaristia é celebrada em assembleia de fiéis, expressão visível da Igreja.

- **Memorial da paixão** e da ressurreição do Senhor.

- **Santo Sacrifício**, porque atualiza o único sacrifício de Cristo Salvador e inclui a oferenda da Igreja; ou ainda *santo Sacrifício da Missa*, *"Sacrifício de louvor"* (Hb 13,15), *Sacrifício espiritual, Sacrifício puro e santo*, pois completa e ultrapassa todos os sacrifícios da Antiga Aliança.

- **Santa e divina Liturgia**, uma vez que toda a liturgia da Igreja encontra o seu centro e a sua expressão mais densa na celebração desse sacramento; no mesmo sentido que se chama também celebração dos *Santos Mistérios*. Fala-se igualmente do *Santíssimo Sacramento*, pois é o sacramento dos sacramentos. Com esse nome se designam as espécies eucarísticas guardadas no sacrário.

- **Comunhão**, visto que é por esse sacramento que nos unimos a Cristo, pelo qual nos tornamos participantes do seu Corpo e de seu Sangue para formarmos um só corpo. Chama-se ainda as coisas santas (*ta hágia*; *sancta*) – é o sentido primeiro da "comunhão dos santos" de que fala o Símbolo dos Apóstolos – pão dos anjos, pão do céu, remédio da imortalidade, viático (comunhão aos que estão gravemente enfermos).

- **Santa Missa**, porque a liturgia em que se realiza o mistério da salvação termina com o envio dos fiéis (*missio*), para que cumpram a vontade de Deus em sua vida cotidiana.

Esses nomes e a explicação para o sacramento da Eucaristia são apresentados no Catecismo da Igreja Católica nos números 1328-1332. Desses nomes, dois aparecem no Novo Testamento: Ceia do Senhor e Fração do Pão.

ATIVIDADE

1. Escreva frases que sintetizem o que você estudou e aprendeu neste capítulo utilizando as expressões:

EUCARISTIA - MISSA - COMPROMISSO - FONTE - SALVAÇÃO - GESTOS - PALAVRAS DE JESUS

1 ➔ ______________________________

2 ➔ ______________________________

3 ➔ ______________________________

4 ➔ ______________________________

Freepik/ Thales Antonio

4 A celebração litúrgica da Missa

A celebração litúrgica da Missa é composta de ritos que servem como pontes que nos conectam com o sagrado, com o mistério de Deus. Ao participar da Missa, por meios dos ritos, expressamos nossa fé e vivenciamos a presença divina de maneira mais intensa, aprendemos sobre nossa história, nossos valores e nossa identidade de cristãos que é transmitida de geração em geração.

Além disso, ao nos unirmos como comunidade e celebrarmos juntos, fortalecemos nossos laços e experimentamos a força da união. Para isso, cada elemento presente nos ritos da Liturgia da Missa – **gestos, palavras, objetos** – tem um significado simbólico que nos ajuda a compreendermos os mistérios da fé ao celebrarmos o memorial do evento central da história da salvação que é o Mistério Pascal de Cristo (Paixão, Morte, Ressurreição e Ascensão).

⚠ ATENÇÃO

- Preparar-se para servir o altar requer combinar com o grupo e coordenação o horário que devem chegar na igreja, garantindo o tempo hábil para se preparar e rezar juntos.
- Dentre aqueles que servem, na falta de um cerimoniário, um coroinha/acólito poderá ser escolhido para exercer essa função. Este deve buscar saber com antecedência o que será celebrado.
- Antes da Missa, os servidores do altar, de acordo com as orientações de sua comunidade, podem conferir e/ou ajudar a conferir se está tudo adequadamente preparado.

Para lhe ajudar vamos mergulhar na Santa Missa, compreendendo seus ritos e aprendendo mais sobre a prática em cada um deles para melhor celebrar.

4.1 Ritos iniciais

Esses são os ritos que compõe o início da celebração e, por meio deles, tornamo-nos uma assembleia celebrante, clamamos a misericórdia do Senhor e louvamos o seu amor.

Os ritos iniciais têm como finalidade ajudar as pessoas a participarem de um importante caminho que é a preparação para ouvir a Palavra de Deus e celebrar a Eucaristia dignamente (cf. IGMR, n. 46). Vamos conhecer quais são eles.

Procissão de entrada

Antes de conhecer o que significa essa procissão, você é convidado a ler refletir o texto: Quando começa a minha Missa? Essa é uma pergunta que muitos fazem, mas poucos chegam a uma resposta mais assertiva. Vamos entender por quê?

Quando começa a minha Missa?

Todos somos chamados por Deus para irmos ao Seu encontro. O Senhor nos chama constantemente e como respondemos a esse chamado? Ele nos diz: "Venha à Missa que começará às 10 horas para que possamos nos encontrar". Diante desse chamado, podemos dizer: "Sim, Senhor, estarei lá!" ou: "Senhor, 10 horas é muito cedo. Prefiro ficar na minha cama mais um pouco, por isso, não irei".

Se respondermos *sim* ao chamado de Deus, nos preparando para sair de casa ou do local onde estivermos, e seguirmos em direção à igreja para encontrar-se com Deus e com os irmãos, aqui começa a nossa Missa, a nossa ação de graças, a nossa procissão, que pode ser curta ou longa dependendo da distância que estivermos da igreja. Todos os irmãos e irmãs que iremos encontrar nesse espaço sagrado também fizeram sua procissão, com o mesmo desejo que o nosso: encontrar-se com o Ressuscitado. Os presentes na igreja compõem um aglomerado de pessoas, mas, quando o celebrante faz a procissão de entrada, ele fecha todas as procissões e congrega o povo reunido na Assembleia celebrante, deixando de ser um aglomerado para tornar-se o Corpo Místico de Cristo. Olha que linda expressão!

PARE, PENSE E RESPONDA

- O que acontece com você antes de chegar à igreja para a Santa Missa?
- Como é a sua procissão até se reunir com a sua comunidade?
- Quais sentimentos você tem ao participar da procissão de entrada?

____

____

____

____

____

____

A procissão de entrada é composta por alguns elementos que nos recordam nossa caminhada com o Senhor:

- O canto de entrada, que abre a celebração, promove a união das pessoas que dela participam para fazer chegar a Deus uma prece de louvor. O canto é executado até que o sacerdote e todos os que participam da procissão cheguem até o altar.
- À frente da procissão vem o turíbulo fumegante, com sua fumaça, perfumando o ambiente por onde Cristo irá passar. Este é utilizado em missas solenes, por exemplo: Natal, Páscoa, festa

do(a) padroeiro(a) e, dependendo da escolha do padre, nas missas dominicais. O acólito que traz o turíbulo na procissão deve, depois de fazer reverência ao altar e subir no presbitério, dirigir-se para trás do altar e aguardar o presidente da celebração.

- Logo atrás vem a cruz processional, sinal do sofrimento de Jesus. Ao olharmos para ela, unimos o nosso sofrimento ao dele e, para que ela seja vista por todos, é ladeada por velas, que tem o objetivo de iluminá-la. A cruz orienta que é Cristo que está guiando a comunidade que segue o caminho de encontro com o Senhor.
- Na sequência vem os coroinhas, que estarão a serviço do altar e da credência.
- Leitores.
- Os Ministros extraordinários da Sagrada Comunhão vêm na continuidade.
- O Evangeliário, levado por um diácono ou um leitor instituído, deverá ser depositado no centro do altar. Caso não tenha Evangeliário, ou caso ele não seja utilizado na celebração, o diácono pode vir um pouco à frente do sacerdote.
- O sacerdote vem por último, pois como o Cristo pastor, ele pastoreia a comunidade reunida.

Diante do altar, não tendo o sacrário atrás dele, todos fazem uma profunda reverência antes de adentrar o presbitério. Caso o sacrário esteja atrás do altar, todos que participam da procissão devem fazer genuflexão em sinal de adoração a Deus presente na reserva Eucarística. Esse é o nome dado as partículas (hóstias) que foram consagradas em uma Missa anterior e são guardadas no sacrário. Esse gesto pode ser realizado em duplas, que, na sequência, podem se dirigir para os locais adequados. Aqueles que carregam objetos litúrgicos (cruz, velas, turíbulo, entre outros) fazem inclinação de cabeça.

Levando em consideração um presbitério com amplo espaço, que possa comportar todos as pessoas envolvidas na celebração, todos os que participam da procissão de entrada podem ocupar um lugar no próprio presbitério. Por exemplo, quem está encarregado pelo Missal, pode sentar-se próximo ao presidente da celebração. Quem está encarregado pela credência pode sentar-se próximo a ela, e assim por diante.

Beijo no altar

O altar é o objeto mais importante em uma igreja. Ele é o centro da Liturgia Eucarística, o lugar da memória em que, na Última Ceia, Jesus sentou-se com seus discípulos em torno da mesa (cf. Lc 22,14). A mesa do altar é a mesa do sacrifício, na qual Jesus doa-se todos os dias por amor a nós. O altar é "a mesa do Senhor na qual o povo de Deus é convidado a participar por meio da Missa; é ainda o centro da ação de graças em que se realiza a Eucaristia" (IGMR, n. 296)

Imagem criada com inteligência artificial

Reconhecendo a importância do altar, os ministros ordenados (bispo, padres e diáconos) *osculam* o altar, ou seja, dão-lhe um beijo em sinal de reverência a Cristo que se faz presente na Mesa Eucarística. Ao beijar o altar, manifesta-se a reverência a Mesa do Senhor, louvando-o como o próprio Cristo, a Pedra Angular de sua Igreja, aquela que os construtores rejeitaram (cf. Lc 20,17-18; Sl 118,22). Quando se utiliza o incenso na celebração, o sacerdote que a preside, após o gesto de beijar o altar, depõe incenso sobre a brasa do turíbulo e incensa a cruz, o altar e a imagem do santo padroeiro. O sacerdote devolve o turíbulo para o coroinha/acólito, que deverá se dirigir, pelo caminho mais adequado, para o local onde poderá cuidar das brasas.

> **⚠ ATENÇÃO**
>
> - Após a incensação, de acordo com a realidade de cada igreja, o coroinha/acólito entrega ou segura o microfone para o celebrante.
> - O turiferário e o naveteiro, enquanto aguardam o beijo no altar, a depender do Espaço Sagrado, podem aguardar atrás do altar ou fora do presbitério, de acordo com as condições do local.

Sinal da Cruz

Ao término do canto de entrada, o sacerdote inicia a celebração com o Sinal da Cruz, que é, ao mesmo tempo, realizado pela assembleia. Ao traçar sobre si o Sinal da cruz, cada fiel recorda da Paixão sofrida por Cristo e invoca sobre si a Santíssima Trindade.

Saudação do presidente

Assim como quando chegamos a uma casa, logo somos saudados pelo anfitrião, que nos pergunta como estamos e nos convida a entrarmos na celebração. O sacerdote que presidirá a celebração faz as vezes de Cristo, o anfitrião na condução da comunidade. É o presidente da celebração quem faz a saudação inicial a toda a comunidade, desejando e motivando a todos para que estejam unidos no amor de Cristo.

Quando o presidente da celebração faz questão de seguir o Missal do início ao fim da celebração, é importante que o coroinha segure aberto o livro para que o sacerdote possa realizar as leituras. Muitas vezes, é necessário que outro coroinha segure o microfone também.

Ato penitencial

Para celebrar dignamente os santos mistérios, é necessário reconhecer os pecados e suplicar a misericórdia do Senhor. *Esse ato substitui o sacramento da Reconciliação?* Para responder a essa pergunta, vamos fazer uma comparação: quando chegamos em casa, depois de realizar alguma atividade externa, antes de nos sentarmos à mesa para comer, costumamos lavar nossas mãos, não é mesmo? Mas, esse gesto substitui o ato de tomar banho? Acredito que não. Contudo, lavar as mãos nos possibilita participar da refeição. O ato penitencial tem o mesmo efeito, ele nos "purifica" para que possamos participar da Ceia com o Senhor.

O ato penitencial nos ajuda a reconhecer nossa condição de pecadores e de pessoas que precisam da graça de Deus, que sempre nos perdoa. Durante o ato penitencial, o presidente da celebração invoca para si e para toda a comunidade reunida, a graça de poder viver a reconciliação. Isso nos ajuda a compreender tratar-se de um ato que não substitui o sacramento da Reconciliação, portanto, em um momento oportuno, aqueles que estão vivendo entre o pecado e a busca de reconciliação devem procurar um sacerdote e confessar os seus pecados.

O ato penitencial tem três fórmulas distintas:

- A primeira fórmula é composta pela oração do "Confesso", absolvição e *Kýrie*.
- Na segunda fórmula é rezada a oração: "Tende compaixão de nós, Senhor", seguida da absolvição e o *Kýrie*.
- A terceira fórmula é composta pela súplica e *Kýrie*, sendo concluída com a absolvição.

Há, nos domingos e no Tempo Pascal, a possibilidade de substituir o ato penitencial por bênção e aspersão da água, recordando o Batismo. Quando assim for, o coroinha/acólito pode apresentar o Missal na página própria para essa bênção, que fica na parte final do livro na área do apêndice.

Durante a aspersão, um coroinha pode carregar a caldeirinha, andando ao lado do sacerdote, conforme a orientação dele.

Para saber qual fórmula está prevista para a celebração é preciso perguntar ao sacerdote ou conversar com a equipe de canto.

Glória

O hino do Glória, também conhecido como o hino de louvor, é um antiquíssimo hino da Igreja. *Quando ele começou a ser cantado na liturgia da Igreja?*

O Glória surgiu a partir da inspiração do cântico dos anjos na noite do nascimento de Jesus, como narrado no Evangelho de Lucas (Lc 2,14): "Glória a Deus nas alturas e paz na terra aos homens por Ele amados". Acredita-se que essa oração começou a ser utilizada nas liturgias no início do século IV, especialmente no Oriente, durante o período de paz após o Edito de Milão (313), que permitiu a liberdade de culto aos cristãos.

O hino começou a ser inserido nas missas solenes, como Páscoa e Natal, e com o tempo foi sendo inserida nas missas de domingo e dias festivos como um cântico de louvor a Deus. A versão latina do Glória, ainda em uso hoje, desenvolveu-se nesse contexto. Ele foi adotado no Ocidente, provavelmente durante o pontificado do Papa Sisto III (432-440). Então, passou a ser cantado regularmente na liturgia no século IV, consolidando-se como parte integrante do rito litúrgico.

Ao cantar o Glória na Missa, é necessário que se cante o texto que se encontra no Missal. É preciso tomar cuidado, pois nem todos os cantos que usam o termo "glória" são adequados para a ação litúrgica.

Ainda, é recomendado para que durante o canto toda a assembleia o acompanhe, sendo executado em dois coros, em coro único, cantado ou mesmo rezado.

Esse hino é cantado ou recitado aos domingos, com exceção nos Tempos de Quaresma e Advento, e nas solenidades e festas. Em caso de ser recitado, o coroinha/acólito apresenta ao celebrante o Missal aberto na oração do Glória.

"Oração do dia" ou "Oração Coleta"

Após o canto do hino de louvor, o celebrante nos convida a orar. Em cada domingo temos uma oração própria, contida no Missal, na sua primeira parte, chamada *Próprio do Tempo*, parte em que se encontram os formulários completos para as missas.

No entanto, quando a Santa Missa for rezada em dia de uma solenidade específica, por exemplo, o Sagrado Coração de Jesus ou Assunção da Bem-aventurada Virgem Maria ou em honra a um santo, atente-se que a página da Oração Coleta pode não estar no *Próprio do Tempo*, mas sim no *Próprio dos Santos*, parte do Missal em que se apresentam os santos de cada dia que serão mencionados na liturgia.

Por que Oração Coleta?

Antes conhecida como "Oração do dia", essa oração passou a ser nominada de Coleta. Porém, esse termo Coleta não está querendo designar que é o momento de passar a cestinha e coletar as ofertas, mas que esse é o momento que o celebrante coleta todas as intenções dos fiéis para essa celebração. Desse modo, após dizer "Oremos", é recomendado que se faça um breve momento de silêncio, para que seja apresentado a Deus as intenções de todos aqueles que participam da celebração. Essas intenções são, portanto, reunidas pela Oração Coleta e apresentadas a Deus na oração realizada pelo sacerdote, em nome de todos.

Uma atenção muito especial para o coroinha que está encarregado de apresentar o livro do Missal para o celebrante. Antes de ele dizer *oremos,* o livro do Missal deve estar aberto diante do celebrante e retirado após a assembleia responder *amém*.

Após a Oração Coleta que é o último elemento dos Ritos iniciais, em que a assembleia é convidada a sentar-se para ouvir, atentamente, a Palavra de Deus.

4.2 Liturgia da Palavra

Na celebração eucarística, dá-se um destaque importante à Sagrada Escritura na Liturgia da Palavra. No Evangelho de São Lucas, na passagem dos discípulos de Emaús, é possível reconhecer que havia uma Liturgia da Palavra antes da ceia eucarística e, assim, compreendemos que Liturgia da Palavra e Liturgia Eucarística formam uma unidade básica que constituem juntas um só e mesmo ato da celebração.

REFLITA E RESPONDA

Leia Lc 24,13-35,

- Como a Palavra é mencionada no texto? Em que momento?

____

____

____

____

- Quando e como ocorre a Liturgia Eucarística?

____

____

____

____

____

____

Jesus por sua Palavra se faz presente no meio dos fiéis. Por meio dela, Deus fala ao seu povo, revela o mistério da Redenção e da Salvação e oferece alimento espiritual. Deus continua falando e conduzindo o seu povo (cf. SC, n. 33).

As leituras bíblicas realizadas na Liturgia da Missa estão organizadas em um livro litúrgico chamado Lecionário, que apresenta os acontecimentos e palavras fundamentais da História da Salvação presentes nas Sagradas Escrituras. A escuta da Palavra de Deus é necessária em todas as celebrações dos sacramentos, que nascem e se alimentam da Palavra (cf. PO, n. 4; OLM, n. 10).

Alguns cuidados:

- O Lecionário, livro do qual é proclamado a Palavra de Deus, é colocado no ambão pelo coroinha, ministro ou outra pessoa que esteja encarregada de organizar o presbitério (credência e altar). O livro deve permanecer fechado para que o leitor da 1ª leitura possa abri-lo, recordando o que nos diz o evangelista: Jesus "desenrolando o livro, escolheu a passagem onde está escrito..." (Lc 4,17), assim abrindo o tesouro que é a Palavra de Deus.
- As leituras bíblicas não podem ser suprimidas ou substituídas por outro tipo de leitura (cf. OLM, n. 12).
- As leituras devem ser proclamadas por pessoas devidamente preparadas para tal função. Temos que ter em mente que Deus nos fala por meio de nós. Somos apenas um instrumento dele e, por isso, devemos estar devidamente afinados com Ele, para que sua Palavra se torne eficaz na vida de quem a escuta.
- A Palavra deve ser proclamada, preferencialmente, do Lecionário, sendo intercalada com os cânticos.
- A proclamação das leituras deve ser realizada da Mesa da Palavra, também conhecida como ambão.

Na Liturgia da Palavra Deus fala ao seu povo, portanto, as leituras precisam ser proclamadas de modo a favorecer aos fiéis a meditação, oferecendo-lhes o alimento espiritual aqueles que as ouvem. Dessa maneira, após terem recebido a graça de escutar a Palavra do Senhor poderão anunciá-la e testemunhá-la em suas vidas.

A Liturgia da Palavra está organizada da seguinte forma:

- **Primeira leitura**

  Em geral é retirada do Antigo Testamento, no qual se encontra a História da Salvação. Em casos especiais, como o Tempo Pascal, a 1ª leitura é retirada do Atos dos Apóstolos e as leituras podem ser proclamadas do Novo Testamento.

- **Salmo Responsorial**

  O Salmo Responsorial é assim chamado por ser dialogado entre o salmista e a assembleia. Ele pode ser cantado – aliás, os salmos foram compostos para serem cantados –, mas quando não se tem alguém com a habilidade de canto, pode ser declamado. Habitualmente, é retirado do Livro dos Salmos, mas podemos encontrar outros hinos contidos nos livros bíblicos. É importante saber que o Salmo é uma resposta à mensagem da primeira leitura e não pode ser substituído por qualquer outro texto ou poema que não seja bíblico.

- **Segunda leitura**

  A segunda leitura é sempre retirada do Novo Testamento, das cartas dos Apóstolos dirigidas as diversas comunidades e, no período da Páscoa, do Livro do Apocalipse.

IMPORTANTE

Quando se utiliza o Evangeliário, o coroinha deve retirar o lecionário do ambão logo após o término da 2ª leitura.

- ### Aclamação ao Evangelho

Após a proclamação da segunda leitura, a assembleia coloca-se em pé para aclamar ao Santo Evangelho, ou seja, saudar e acolher o Senhor que irá lhes falar no Evangelho.

Durante o canto, o sacerdote pode depositar incenso no turíbulo. Ao realizar este gesto, ele (e somente ele) pode permanecer sentado. Porém, após colocar incenso e abençoar o diácono (se tiver algum na celebração), o sacerdote também se coloca em pé para ouvir o Evangelho que será proclamado.

Na ausência do diácono, quem proclama o Evangelho é um dos sacerdotes presentes na celebração. O sacerdote antes de proclamar o Evangelho inclina-se diante do altar e em silêncio, pedindo ao Senhor para que o purifique dizendo: "Ó Deus todo-poderoso, purificai o meu coração e os meus lábios, para que eu anuncie dignamente o vosso santo Evangelho" (Missal, p. 595). O sacerdote sabe que é instrumento para que Deus atue por meio dele e entrega-se ao Senhor.

Nesse momento, o Evangeliário, que foi depositado no altar após a procissão de entrada, deverá ser levado pelo sacerdote (ou diácono) em procissão do altar até o ambão durante o canto de aclamação ao Evangelho e enquanto toda a assembleia volta seu olhar para ele, num gesto de acompanhar a Palavra. No decorrer dessa procissão, podem acompanhá-lo o turiferário(a) – quem leva o turíbulo – e o(a) naveteiro(a) – quem leva a naveta, que contém o incenso e uma colher – e os ceroferários – aqueles(as) que levam as velas acesas que irão ladear a Mesa da Palavra durante a proclamação.

Quando o sacerdote (ou diácono) retira o Evangeliário (símbolo de Cristo) de cima do altar e o conduz em procissão até o ambão, colocando-o sobre ele, isso significa que as palavras que irá proclamar não serão suas, mas são as de Jesus que fala para assembleia unida. O Evangeliário posto no ambão, tal como Cristo no trono do Pai, ajuda-nos a reconhecer que a Palavra de Deus será comunicada.

Os demais coroinhas devem permanecer em seus lugares para ouvir a proclamação do Evangelho.

> ⚠ ATENÇÃO
>
> - As velas não podem permanecer ao lado do ambão durante as narrativas da Paixão (Domingo e Sexta-Feira da Paixão) e na Vigília Pascal.
> - O canto de aclamação traz a expressão *Aleluia*, que é uma expressão de grande alegria. Por isso, no tempo quaresmal essa expressão deve ser omitida.

- **Proclamação ao Evangelho**

  Esse momento é mais importante da Liturgia da Palavra: é o próprio Cristo que irá falar, por intermédio do sacerdote (ou diácono). A proclamação do Evangelho deve ser realizada, durante a Missa, apenas pelos ministros ordenados. Se estiver presente, o diácono é o primeiro a exercer essa função.

  Estando a assembleia em pé, o sacerdote (ou diácono) com ela dialoga dizendo: "O Senhor esteja convosco" ao que responde: Ele está no meio de nós". Segue dizendo: "Proclamação do Evangelho de Jesus Cristo segundo (diz o nome do evangelista)" e, na sequência, traça com o polegar direito o Sinal da Cruz sobre o livro, na página do Evangelho que será proclamado. Logo depois, acompanhado por todos os fiéis, faz o Sinal da Cruz na fronte, na boca e no peito. Então, o sacerdote (ou diácono) incensa o livro, devolve o turíbulo para o acólito, que aguarda o final da proclamação do Evangelho, e somente após a proclamação deverá retirar-se com os demais acólitos (ceroferários e naveteiro).

Ao terminar a proclamação do Evangelho, o livro é beijado pelo sacerdote (ou diácono) e este dirá: "Pelas Palavras do Santo Evangelho sejam perdoados os nossos pecados".

Ao finalizar as leituras os leitores dizem: Palavra do Senhor. Após a proclamação do Evangelho nos é dito: Palavra da Salvação. Por que essa diferença? Enquanto ouvimos as leituras (1ª, 2ª e Evangelho) precisamos perceber que a Palavra de Deus é uma só, por isso, proclamamos Palavra do Senhor, duas vezes, e ao final afirmamos que a Palavra ouvida é Palavra de Salvação.

Durante a proclamação da Palavra e homilia, permanecemos sentados, tendo às vezes a tentação de conversar ou se distrair com outra coisa. Contudo, é necessário lembrar que durante esses momentos é Deus que nos fala. Por isso, precisamos entender que é muito deselegante, enquanto Deus nos fala, nós não prestarmos atenção à sua Palavra, ou tirarmos a atenção dos fiéis nesse momento. É importante que – Coroinha, Acólito e Ancila se esforcem para prestar atenção, mesmo quando as tentações aparecerem, pois, muitas pessoas estarão observando durante a celebração.

- **Homilia**

É uma conversa familiar conduzida pelos ministros ordenados. Nela, o celebrante procura atualizar a Palavra do Senhor, fazendo, a partir dos textos proclamados, uma explicação, reflexão e associação prática em nossas vidas.

- **Profissão de fé (Credo)**

Com o Credo expressamos a nossa fé em Deus uno e trino, como também na Igreja. É chamado também de Símbolo da fé, por resumir a fé dos apóstolos. A Igreja conserva dois credos: o credo apostólico e o credo niceno-constantinopolitano. O primeiro é mais breve, mas contém os elementos da nossa fé. O segundo é mais extenso, mais rico em elementos que defendem nossa fé, foi composto em dois Concílios de Niceia (325 d.C.) e de Constantinopla (381 d.C), e serviu para combater as heresias existentes na época.

- **Oração dos fiéis**

Também conhecida como preces, são orações que o povo de Deus faz e que foram elaboradas a partir da Palavra proclamada. É fundamental que a comunidade elabore suas preces, pois apresenta as necessidades comunitárias. As orações não devem ser muitas e nem longas, mas curtas e num número ideal de quatro preces: a primeira pela Igreja; a segunda pelos poderes públicos e pela salvação do mundo; a terceira pelos aflitos e necessitados; e a quarta pela comunidade local. Pode-se incluir uma quinta prece pelos fiéis defuntos, quando já não foram citados numa das alternativas anteriores.

As preces devem ser breves, diretas e de fácil compreensão. O foco é a intercessão comunitária, então, as orações devem ser formuladas de forma simples, para que todos possam compreender e responder especificamente.

4.3 Liturgia Eucarística

A Liturgia Eucarística é o momento da Missa em que Jesus nos dá o maior presente: Seu Corpo e Seu Sangue, na forma do pão e do vinho. Ela compõe-se dos seguintes momentos: apresentação das oferendas; oração sobre as oferendas; Oração Eucarística e rito de Comunhão.

Apresentação das oferendas

Ao iniciar a Liturgia Eucarística são levados ao altar os dons (pão e vinho) que irão se tornar Corpo e Sangue de Cristo. No entanto, há uma sequência para isso: prepara-se o altar, realiza-se a procissão das oferendas, a apresentação dos dons, a coleta do ofertório, a lavagem das mãos do sacerdote e a oração sobre as oferendas. Vamos compreender como isso acontece na prática:

- **Preparação do altar, da Mesa do Senhor**

  Quem prepara o altar, primeiramente, é o diácono, mas na sua ausência o sacerdote que preside a celebração o prepara. Os coroinhas e/ou acólitos devem auxiliar o diácono e/ou sacerdote nessa preparação. Vejamos como isso acontece passo a passo:

  - **O que levar da credência para o altar**

    Gradativamente, o coroinha ou acólito leva o corporal, o cálice, o purificador (sanguíneo) com ou sem a pala e o Missal, seguido das âmbulas/cibórios. Na sequência dos acontecimentos da celebração, levará as galhetas contendo vinho e água e, por fim, o lavabo para purificar as mãos do presidente da Santa Missa.

  - **Como preparar o altar**

    O diácono irá abrir o corporal no centro do altar. Depois, organiza os elementos da seguinte maneira:

    - Sobre o corporal vai colocar a patena e na extremidade superior a âmbula aberta.
    - O cálice será colocado na mesma direção da patena, com ou sem a pala (que tem a função, durante a apresentação dos dons, de proteger o vinho que será consagrado).

- Após colocar vinho e água no cálice, também vai colocar o mesmo sobre o corporal, na mesma direção da patena, devidamente tampado com a pala (que tem a função de proteger o vinho que será consagrado).
- O purificador (ou sanguíneo) deve ser colocado paralelamente à direita do corporal, sobre o altar.
- O Missal deverá ser colocado à esquerda do corporal.

- **A procissão das oferendas**

Se houver a procissão de oferendas, apresentadas pelos fiéis, enquanto ela acontece, o povo entoa o canto do ofertório. Nessa procissão, é recomendado que algumas pessoas da comunidade levem os dons – o pão e o vinho – até o presbitério que serão entregues e acolhidos pelo presidente da celebração. Este as repassa para os coroinhas e/ou acólitos para serem levadas ao altar, colocando-as sobre o corporal. O fato de os fiéis levarem o pão e o vinho até o altar simboliza o gesto da Igreja primitiva, em que as pessoas traziam esses elementos de suas casas e ofertavam a Deus.

Transportar os dons da credência até o altar também é considerado "procissão das oferendas". No entanto, quando não for possível que a procissão se faça da credência para o altar, os dons já podem permanecer sobre o altar para facilitar, ao sacerdote, a preparação das oferendas. Esses dons representam todo o nosso trabalho e nossos corações, que oferecemos a Deus.

- **Apresentação dos dons**

Quando o altar já estiver devidamente preparado, o presidente da celebração oferece os dons a Deus usando-se das fórmulas presentes no Missal. Primeiro apresenta o pão e depois o vinho. Durante esse momento, a pala que cobre o cálice será colocada e retirada pelo diácono e/ou acólito, que deverá estar posicionado do lado direito do celebrante.

Caso o pão e o vinho estejam na credência, os coroinhas e/ou acólitos, estando ao lado do altar apresentam ao sacerdote na seguinte ordem: a patena, a âmbula/cibório com o pão(hóstias) que será consagrado, o vinho e a água, que serão misturados no cálice.

Você sabia que a gota de água que é colocada no cálice representa a nossa humanidade que se une à divindade (vinho) de nosso Senhor?

O sacerdote pode incensar as oferendas colocadas sobre o altar e, em seguida, a cruz e o próprio altar. Isso simboliza que a oferta da Igreja e sua oração, assim como a fumaça do incenso, sobem à presença de Deus.

Caso se realize o uso de incenso, um acólito deverá apresentar ao presidente da celebração o turíbulo e outro acólito, a naveta. Após o presidente colocar incenso no turíbulo, este lhe é entregue pelo acólito que o acompanha durante a incensação dos dons, assim como da cruz e o próprio altar.

- **Lavagem das mãos do sacerdote**

Depois desse momento, o diácono, acólito ou outro ministro, posicionado ao lado do altar, incensa o sacerdote e, também, o povo de Deus. Terminado a incensação o sacerdote se dirige ao lado do altar, onde os acólitos servem a água para lavar suas mãos, "ao lado do altar, exprimindo por esse rito o seu desejo de purificação interior" (IGMR n. 76), e o manustérgio usado para secá-las.

> **PARA SABER MAIS**
>
> A pala que cobre o cálice será colocada e retirada pelo diácono e/ou acólito, nos seguintes momentos:
>
> - Retirará a pala instantes antes da epiclese, ou seja, da invocação do Espírito Santo sobre o pão e o vinho.
> - Colocará a pala após a consagração, depois de o presidente da celebração dizer: "Mistério da fé".
> - Retirará a pala quando for dito "Por Cristo, com Cristo, e em Cristo". Terminado esse momento, deverá voltar a colocar a pala sobre o cálice.
> - A pala será retirada mais uma vez, quando for recitado o Cordeiro, para que o presidente da celebração possa fracionar as partículas e depois volta a cobrir o cálice com a pala

Oração sobre as oferendas

Essa oração o sacerdote reza logo após a apresentação do pão e do vinho no altar. Nesse momento, ele está pedindo a Deus para aceitar esses dons que oferecemos e para transformá-los no Corpo e Sangue de Jesus.

Imagine que você está preparando um bolo para alguém especial. Você pede que esse bolo traga alegria para uma pessoa. A Oração sobre as oferendas é assim: estamos pedindo que Deus use aquilo que estamos oferecendo (o pão e o vinho) para fazer algo maravilhoso: a Eucaristia.

Essa oração está no Missal, por isso, o livro colocado sobre o altar permanecerá até o momento da Comunhão.

Oração Eucarística

A Oração Eucarística é um meio pelo qual se cumpre o mandato de Jesus de fazer memória da Última Ceia. Trata-se de uma narração que faz memória dos gestos e das palavras de Jesus, realizando-se como ação de graças destinada a Deus Pai e, também, é uma exaltação a redenção (o resgate da humanidade, libertando-a do pecado) realizada por Jesus.

Quando o sacerdote reza a oração especial chamada Oração Eucarística, durante essa oração, o pão e o vinho se tornam o Corpo e o Sangue de Jesus. Isso acontece quando o sacerdote diz as mesmas palavras que Jesus disse na Última Ceia: "Isto é o meu Corpo [...] Isto é o meu Sangue". Nesse momento, podemos imaginar que Jesus está com a gente, assim como estava com os discípulos na Última Ceia.

Durante a oração do Prefácio, que antecede a Oração Eucarística, o sacerdote pede para cantar ou rezar a oração do Santo e, nesse momento, os coroinhas devem se preparar para o sublime momento da consagração em que ocorre a transubstanciação, que é a presença real de Jesus Cristo nas espécies do pão e do vinho, que se transformam na substância do seu Corpo e Sangue.

É o momento de o coroinha tocar a sineta/carrilhão na elevação da hóstia e do cálice com o vinho, e do acólito incensar o Santíssimo que se faz presente na hóstia e no cálice, depois da consagração.

Rito de comunhão

O rito da Comunhão nos conduz para o sublime momento de encontro íntimo com Jesus Eucarístico. Ele é composto por alguns passos que nos preparam para esse importante momento.

- **Pai-nosso**

  O Pai-nosso é a oração que Jesus nos ensinou e, durante a Missa, a rezamos juntos logo após a Oração Eucarística e antes de recebermos a Comunhão. Ela tem um significado muito importante, pois é a oração dos filhos de Deus, por meio da qual falamos diretamente com Ele, chamando-o de Pai.

  Rezar o Pai-nosso nesse momento da Missa é também uma maneira de nos prepararmos para a Comunhão. Estamos pedindo o "pão nosso de cada dia", que não representa apenas o alimento de que precisamos, mas, principalmente, a Eucaristia, o pão do céu.

- **Abraço da paz**

  O abraço da paz é um gesto que vem do próprio Jesus, que nos ensinou a viver em paz uns com os outros. Nesse momento da Missa, estamos oferecendo e aceitando a paz de Cristo.

  Se o sacerdote motivar para o abraço da Paz, lembre-se do que o Papa Francisco nos ensina, ou seja, que devemos saudar apenas aqueles que estão ao nosso lado, sem necessitar sair do nosso lugar.

- **Fração do pão + canto ou recitação do Cordeiro de Deus**

  A fração do Corpo de Cristo, realizada pelo sacerdote, representa a união do Corpo e do Sangue de Jesus, mas também representa a união da Igreja com seu Criador. Durante esse gesto, deve-se cantar e/ou recitar a oração do Cordeiro de Deus. A recitação deve acontecer enquanto o presidente da celebração está fracionando o Corpo, o pão eucarístico (hóstia). Depois de fracionar a hóstia (pão eucarístico), o sacerdote coloca uma parte no cálice, mergulhando-o no vinho consagrado, para significar a unidade do Corpo e do Sangue do Senhor na obra da Salvação (cf. IGMR, n. 83). Essa união do pão e do vinho indica que Cristo se dá como alimento de vida e salvação para toda a humanidade.

IMPORTANTE

- Geralmente se reza três vezes a oração do Cordeiro de Deus, mas pode ser que precise repetir mais vezes, enquanto durar o rito.
- Após a apresentação do Cordeiro de Deus, o coroinha ou acólito responsável pelo livro pode retirar o Missal de cima do altar.

- **Comunhão**

  Depois que o pão e o vinho se tornam o Corpo e o Sangue de Jesus, chega o momento de comungar. Quando recebemos a Comunhão, a Eucaristia, Jesus está entrando em nossa vida, alimentando-nos com seu amor e tornando-nos mais fortes para seguirmos seus ensinamentos. Por isso, devemos caminhar até o ministro que está distribuindo a Eucaristia em clima de oração, compenetrado no que está para acontecer. Não podemos nos distrair com celular ou com pessoas. Após comungar, devemos voltar para o nosso lugar e fazer uma oração silenciosa.

O que fazem os coroinhas e/ou acólitos?

Os coroinhas e acólitos, durante todo o Rito da Comunhão, devem permanecer em clima de oração, evitando conversas paralelas ou distrações.

Depois que a Eucaristia for distribuída aos fiéis será realizada a purificação dos vasos sagrados. Para isso é necessário levar a água até o altar e ajudar a guardar os vasos sagrados na credência ou outro local adequado.

Oração depois da Comunhão

Essa oração serve para concluir nossa oração pessoal e silenciosa. Ela eleva nossa alma ao Senhor, louvando-o pelos bens que nos concede.

Essa oração está no Livro do Missal, por isso, o **coroinha deve apresentar** o livro assim que o presidente da celebração disser: "Oremos".

4.5 Ritos Finais

Esse rito nos prepara para nossa missão, que se iniciará assim que saímos da igreja.

- **Comunicados finais**

Também conhecidos como avisos paroquiais, são os comunicados de interesse da comunidade. Eles devem ser breves e objetivos, pois avisos muito longos e desorganizados não conseguem comunicar nada à comunidade.

- **Bênção**

  Muitos esperam por esse momento, porque representa o fim da Missa, mas não sabem que, após a bênção, se inicia nossa missão cristã, em meio ao mundo que vivemos. A bênção de envio pode ser solene, ou seja, o celebrante pode usar as fórmulas contidas no Missal. Então, o coroinha apresenta ao celebrante o livro para que ele possa rezar pelos presentes. Ao final das invocações é traçado sobre o povo o sinal da cruz.

- **Despedida e envio**

  Concluída a bênção, o diácono (ou na ausência dele, o sacerdote) vai enviar o povo em missão, para anunciar Cristo com sua vida.

- **Saída**

  É recomendado que a assembleia aguarde o presidente da celebração sair, retirando-se depois dele. Inclusive a Igreja orienta para que os fiéis permaneçam mais alguns minutos dentro da igreja, realizando uma última oração.

  Para a saída existem duas maneiras de realizar: pelo corredor central ou pela lateral (fundos). Os ministros ordenados irão beijar o altar, enquanto a equipe celebrativa se coloca diante do altar para reverência (ou genuflexão, quando o Santíssimo está atrás do altar) e dirige-se para a saída. A orientação é que a saída seja pelo caminho mais curto até a sacristia, mas alguns sacerdotes fazem questão de sair pelo corredor central e despedir-se da comunidade. Se a saída for pelo corredor central, deve-se sair na mesma ordem da procissão de entrada.

PARE, PENSE E ANOTE

1. A partir do texto, explique:

- O que é a Missa?

- Como a Missa é organizada?

2. Quais são as funções do coroinha e do acólito na celebração da Missa?

3. Qual deve ser a postura de um coroinha e/ou acólito na Missa?

A
Ω

5 Os objetos e seu uso nas celebrações litúrgicas

Nas celebrações litúrgicas, utilizamos diversos objetos e cada um deles tem um significado que contribui para bem celebrarmos e para nos colocar em comunhão com Deus.

Vamos conhecer alguns desses objetos, sua importância e o que significam?

- **Círio pascal**

O que é: o Círio Pascal é uma vela grande, geralmente confeccionada com adornos e imagens de Cristo ressuscitado. Nele são gravadas as letras gregas, alfa e ômega, lembrando-nos de que Cristo é o princípio e fim de todas as coisas. Também é colocado o ano vigente, reforçando que Cristo está presente na história, Ele que era, que é e sempre será. Cravam-se cinco cravos, com incenso, recordando-nos das cinco santas e gloriosas chagas (feridas) sofridas por Jesus.

Significado: simboliza a luz de Cristo, que venceu as trevas da morte. É o centro da celebração pascal e um lembrete constante da ressurreição de Jesus. Também simboliza a oferenda como cera, que é consumida para honrar a Deus, espalhando a sua luz.

Imagine que ele é uma fogueira que ilumina a noite mais escura. Assim como a luz do Círio ilumina a igreja, a luz de Jesus ilumina nossas vidas, dando-nos

Freepik/sidneydealmeida

esperança e alegria. É como uma estrela guia que mostra o caminho para quem está perdido.

Uso: acende-se na Vigília Pascal e entra solenemente na igreja escura, sendo transportado pelo diácono ou o sacerdote que o coloca ao do lado do ambão (Mesa da Palavra) ou ao lado do altar. O Círio permanece aceso durante todas as celebrações do Tempo Pascal, como sinal da presença de Cristo ressuscitado.

Antes de cada celebração deve ser aceso pelo ministro ou outra pessoa designada para essa função. Como ele é a Luz de Cristo que resplandece e ilumina a comunidade, deve estar aceso sempre que celebrarmos, principalmente, no Tempo Pascal. Na celebração de Pentecostes, última Missa do Tempo Pascal, o Círio deve ser apagado e conduzido ao lado da pia batismal.

O Círio é utilizado durantes os batismos e exéquias – princípio e término da vida temporal.

- **Naveta**

Imagem criada com inteligência artificial

O que é: um pequeno recipiente, no formato de navio, para transportar o incenso. Acompanha a naveta uma pá metálica, utilizada para colocar o incenso no turíbulo, sobre as brasas acesas.

Uso: acompanha o turíbulo durante as incensações.

- **Turíbulo**

Freepik/Thales Antonio

O que é: um vaso metálico perfurado em que se colocam as brasas e o incenso para queimar. Tem uma tampa com orifícios pelos quais sai a fumaça do incenso.

Significado: simboliza as nossas orações que se elevam a Deus como um perfume agradável.

Uso: é utilizado em conjunto com a naveta, para incensar objetos sagrados, pessoas e o altar. Quando acendemos o incenso, é como se estivéssemos criando uma nuvem perfumada para envolver tudo ao nosso redor.

Como usar: Para aprender a manipular o turíbulo, acesse o QR Code ao lado, ou pesquise na *internet* o vídeo "Como manusear o turíbulo"[2].

- **Incenso**

O que é: uma resina aromática que, quando queimada sobre brasas, produz uma fumaça perfumada. É também um sacramental que usamos nas missas.

Freepik/Thales Antonio

Significado: simboliza as nossas orações que se elevam a Deus como um perfume agradável. Também representa a nossa santificação e a nossa união com Cristo. Quando queimamos o incenso, é como se estivéssemos enviando uma mensagem para o céu, dizendo: "Deus, estamos aqui para te adorar!"

©Ana Maria OLeniki

Uso: é utilizado em diversas celebrações, como a Missa, as procissões e as bênçãos, como um gesto de oferecimento e adoração.

2 COMO MANUSEAR O TURÍBULO. [*S. l: s. n.*], 2021. 1 vídeo (6min 26s). publicado pelo canal *Por dentro da Sacristia*. Disponível em: https://www.youtube.com/watch? v=gfa kvPF4iQI. Acesso em:15 jan. 2025.

- **Luneta**

Imagem criada com inteligência artificial

O que é: uma pequena peça de metal do ostensório, cortada em formato de meia lua.

Significado: simboliza que a Lua, por não ter luz própria, precisa do Sol para ser iluminada.

Uso: é utilizada para colocar a hóstia consagrada, o Santíssimo Sacramento no Ostensório.

- **Ostensório**

Pixabay/Iidenir

O que é: um recipiente geralmente feito de metal nobre no qual se coloca a hóstia consagrada para a adoração dos fiéis.

Significado: é o trono em que se coloca o Corpo de Cristo para que os fiéis possam adorá-lo.

Uso: utilizado nas procissões do Santíssimo Sacramento, na bênção eucarística e na exposição do Santíssimo. O ostensório é como uma casa muito especial onde colocamos Jesus presente no pão consagrado. É como se Jesus estivesse vindo nos visitar e quiséssemos recebê-lo da melhor maneira possível. É como um trono para um rei.

- **Sacrário**

Freepik/wirestock_creators

É o local onde ficam guardadas as hóstias consagradas, que são o Corpo de Cristo. Geralmente é feito de metal e tem uma porta com chave para maior segurança e reverência. Os coroinhas devem sempre respeitar o sacrário, fazendo uma genuflexão (ajoelhar com um dos joelhos) ao passar em frente a ele.

- **Caldeirinha e aspersório**

A caldeirinha é um pequeno recipiente no qual se coloca água benta para ser usada nas aspersões de pessoas e objetos.

Freepik/EyeEm

O aspersório é o objeto usado para aspergir água benta sobre pessoas ou objetos. Pode ser uma pequena haste metálica com uma extremidade que retém água ou um ramo verde, dependendo da ocasião.

- **Credência**

É uma mesa ou suporte ao lado do altar onde são colocados os objetos que serão usados nas celebrações, como o cálice, as galhetas e outros itens litúrgicos. É importante que os coroinhas mantenham a credência organizada.

©Ana Maria Oleniki

- **Cálice**

É o recipiente usado para conter o vinho que será consagrado no Sangue de Jesus Cristo durante a Missa. Normalmente é feito de metal precioso e deve ser manuseado com muito cuidado.

Imagem criada com inteligência artificial

- **Âmbula, cibório**

É um recipiente semelhante ao cálice, mas com tampa. É usado para guardar as hóstias consagradas que serão distribuídas aos fiéis ou reservadas no sacrário.

Freepik/EyeEm

- **Véu de âmbula**

É uma pequena cobertura de tecido usada para cobrir a âmbula como sinal de reverência e proteção ao Santíssimo Sacramento.

Imagem criada com inteligência artificial

- **Galhetas**

São pequenos recipientes usados para conter a água e o vinho que serão levados ao altar. Normalmente vêm em pares, sendo um para a água e outro, para o vinho.

Imagem criada com inteligência artificial

- **Patena**

É um pequeno prato, geralmente de metal, utilizado para colocar a Hóstia Magna (grande) que será consagrada pelo sacerdote. Normalmente vem em cima do cálice.

Freepik/Sidneydealmeida

- **Partícula**

Pedaço pequeno de pão, arredondado, sem fermento (hóstia) que é consagrado para a comunhão dos fiéis.

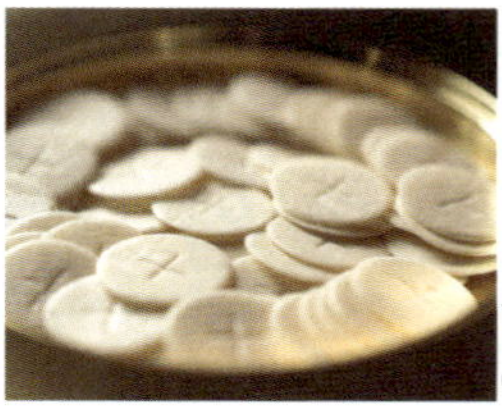

Freepik

- ### Hóstia Magna

Freepik/Faabi

Pedaço grande de pão, arredondado, sem fermento (hóstia) que o presidente da celebração consagra e ergue mostrando para a assembleia, depois, parte-o e consome.

- ### Pala

Imagem criada com inteligência artificial

É uma peça, geralmente quadrada, utilizada para cobrir o cálice e proteger o vinho consagrado de qualquer sujeira ou outro elemento que possa cair no cálice.

- ### Purificador ou Sanguíneo

Imagem criada com inteligência artificial

É um pano branco, de formato retangular, que possui bordado de algum símbolo litúrgico, geralmente uma cruz. É utilizado pelo sacerdote para limpar o cálice e a boca após a Comunhão. Ele é dobrado de maneira específica para proteger as espécies sagradas e manter a reverência e o respeito ao Corpo e Sangue do Senhor.

- ### Corporal

É um pequeno pano quadrado, branco, colocado sobre o altar. Nele ficam o cálice, a patena e a âmbula durante a consagração. Ele simboliza o pano em que o Corpo de Cristo foi envolvido após sua morte. Após a Comunhão, é dobrado de modo que proteja os fragmentos das espécies sagradas, evitando que elas caiam. Ao precisar ser transportado, o corporal é colocado dentro de uma bolsa chamada Bursa.

Imagem criada com inteligência artificial

- **Lavabo (jarra e bacia)**

São usados para a lavagem das mãos do sacerdote durante o rito do ofertório. A água simboliza a pureza interior. Os coroinhas ajudam nesse momento, segurando a jarra e a bacia.

Imagem criada com inteligência artificial

- **Manustérgio**

É uma toalha usada pelo padre para secar as mãos após lavá-las no rito do ofertório.

Imagem criada com IA

- **Carrilhão ou sineta**

São tocados durante momentos importantes da celebração, como na elevação do Corpo e Sangue de Cristo. Seu som ajuda os fiéis a se concentrarem.

Imagem criada com IA

- **Teca**

É um pequeno recipiente, geralmente metálico, usado para transportar hóstias consagradas para enfermos ou pessoas que não podem ir à igreja.

Imagem criada com IA

- **Cátedra**

É a cadeira do bispo que fica na igreja catedral. Representa sua autoridade como pastor da diocese. Nas celebrações, a cátedra é um sinal visível do papel do bispo como mestre e guia do povo de Deus.

Imagem criada com IA

- **Ambão ou Mesa da Palavra**

É o local de onde as leituras, o Salmo Responsorial e o Evangelho são proclamados durante a Missa. Também é utilizado para a homilia e para as preces dos fiéis. Ele é um espaço reservado para a Palavra de Deus e deve ser tratado com respeito e atenção.

Freepik/Revoteagency1

- **Sédia (cadeira presidencial)**

É a cadeira do celebrante principal (padre ou bispo) durante a celebração litúrgica, presente nas igrejas. Simboliza o papel do sacerdote como líder da comunidade reunida para o culto. Ela geralmente fica posicionada em um lugar visível para todos.

Imagem criada com inteligência artificial

- **Matraca**

É uma pequena prancha de madeira que tem dois ferros pregados. Ao ser agitada produz um enorme barulho. É usada em procissões e durante a Semana Santa, na Sexta-feira Santa substituindo o som dos sinos que nesse dia são silenciados representando o luto pela morte de Jesus.

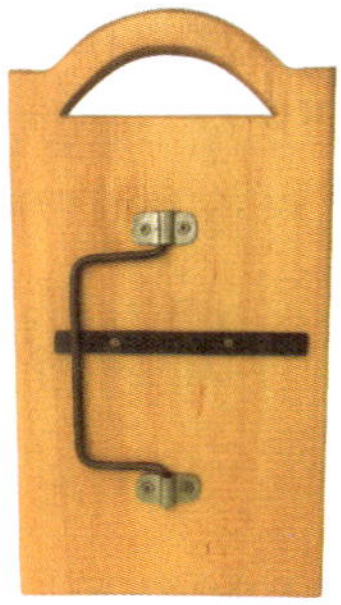

Imagem criada com inteligência artificial

- **Mitra**

Utilizada pelo bispo, é uma espécie de chapéu em forma de cone, com duas fitas atrás, caindo nas costas. Indica o poder episcopal.

Imagem criada com IA

- **Báculo**

Uma espécie de bastão que representa o cajado do pastor, utilizado pelo bispo.

Imagem criada com IA

Pexels/Huynh Van

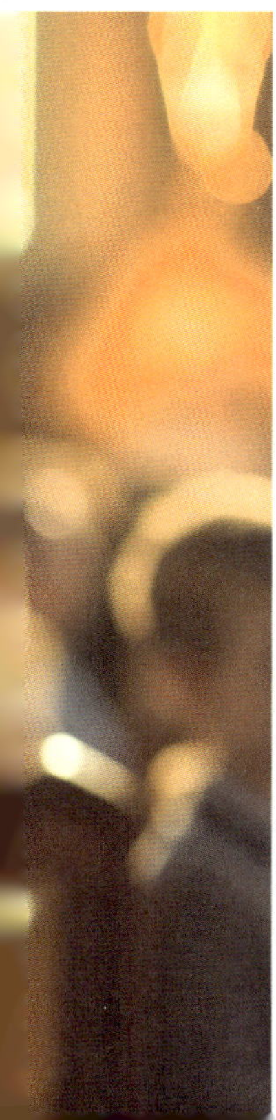

Freepik/Creationplus, Flowo

6 Gestos e posturas durante a celebração eucarística

Tendo a consciência de que todo o povo é membro do Corpo de Cristo que é a Igreja, na celebração da Santa Missa é muito importante que os fiéis participem ativamente. Isso é um desejo da Mãe Igreja para que todos os fiéis sejam levados à plena, consciente e ativa participação das celebrações litúrgicas, sendo que a própria natureza da liturgia exige e pela qual, pelo Batismo, torna-se um dever e direito do cristão (cf. SC, n. 14).

Desse modo, os fiéis passam a fazer parte efetivamente do sacrifício do Senhor. A participação dos fiéis ocorre da seguinte forma:

- Em primeiro lugar, por parte das equipes de liturgia, que têm a missão de preparar as músicas, as leituras, a oração dos fiéis e a ornamentação da Igreja.
- Em segundo lugar, envolvendo todos os participantes, mesmo aqueles que não assumiram uma tarefa litúrgica específica. Isso se dá nas aclamações, nos responsórios, na salmodia, nas antífonas (frase que é repetida pela assembleia, por exemplo no canto do Salmo Responsorial), nos

gestos e posturas corporais condizentes com a liturgia e no silêncio sagrado (cf. SC, n. 30).

Participando ativamente da celebração eucarística, estamos vivendo uma grande adoração ao Senhor, como diz o documento *Redemptionis Sacramentum*:

> Em efeito, na celebração da Eucaristia, como em toda a vida cristã, que dela obtém a força e para ela se dirige, a Igreja, a exemplo de Santo Tomé Apóstolo, se põe em adoração ante o Senhor crucificado, morto, sepultado e ressuscitado – na plenitude de seu esplendor divino, e perpetuamente exclama: "Meu Senhor e Meu Deus!" (RS, n. 40).

Ainda, compreende-se que os gestos e posições do corpo realizados pela assembleia na celebração eucarística, além de ser um sinal de unidade na comunidade (cf. IGMR, n. 96), tem como objetivo tornar a celebração bela e de nobre simplicidade, de tal maneira que facilite a compreensão de suas partes e melhor participação dos fiéis (cf. IGMR, n. 42). Para que isso aconteça, conforme orienta a Instrução Geral do Missal Romano (IGMR), em seus números 42 a 44, toda a assembleia formando um só corpo manifesta a sua unidade por meio dos gestos e posições do corpo, ao longo da celebração. Vejamos quais são:

- **Ficar em pé**, em sinal da prontidão, durante:
  - os Ritos iniciais que são: Procissão de Entrada, Saudação do Celebrante, Ato Penitencial, Hino do Glória – se houver – e oração do dia;
  - a Aclamação e a Proclamação ao Evangelho;
  - a Profissão de Fé (Oração do Credo);

- a Oração da Comunidade ou preces;
- o convite feito pelo sacerdote "Orai, irmãos e irmãs..." até a epiclese – invocação ao Espírito Santo;
- o momento em que o sacerdote diz: "Anunciamos, Senhor, a Vossa morte..." até a Comunhão;
- a Oração depois da Comunhão até o fim da Missa.

- **Sentar-se**, em sinal de atenção e meditação, durante:
  - as leituras bíblicas antes do Evangelho;
  - a homilia;
  - a preparação das oferendas;
  - o momento em que se observa o silêncio sagrado depois da Comunhão, se for conveniente.

- **Ajoelhar-se** em sinal de adoração à presença real de Jesus no altar, nos seguintes momentos:
  - durante a consagração (da epiclese – invocação do Espírito sobre as ofertas até o: "Mistério da fé!");
  - até o final da Oração Eucarística: "Por Cristo..." aqueles que desejarem;
  - caso não seja possível ajoelhar-se na consagração por algum motivo relevante, a Igreja orienta que façam inclinação profunda enquanto o sacerdote faz genuflexão após a consagração.

Os gestos até aqui mencionados são obrigatórios a todos os fiéis durante a celebração eucarística. Porém, outros gestos, que não são obrigatórios, podem ser acrescentados a essa lista por serem um auxílio à piedade dos fiéis, tais como:

- Ao entrar na igreja, fazer a genuflexão (ato de dobrar o joelho direito até o chão) em direção ao sacrário em sinal de adoração e humildade diante do Santíssimo Sacramento, na Sexta-feira Santa, e diante da cruz; em direção ao altar, caso o Santíssimo Sacramento esteja no presbitério.

Outro gesto é a **inclinação**, sinal de reverência e honra que se faz às pessoas ou aos seus símbolos, que pode ser:

- uma inclinação de cabeça, que se faz quando se nomeiam juntas as três Pessoas Divinas, como ao se dizer: "Glória ao Pai, ao Filho e ao Espírito Santo [...]", o nome de Jesus, o nome da Virgem Maria e do Santo em cuja honra se celebra a Missa;

- uma inclinação profunda do corpo ao altar. Ainda vemos durante a celebração esse gesto acontecer quando o diácono pede ao sacerdote a bênção antes de proclamar o Evangelho e, também, quando o sacerdote, antes de dizer as palavras do Senhor no momento da consagração, realiza uma pequena inclinação (cf. IGMR, n. 275).

Momentos da celebração e os gestos

- **Procissão de entrada:** em pé.
- **Ato Penitencial:** em pé ou de joelhos.
- **Hino de Louvor/ Glória (se houver):** em pé.
- **Oração do dia:** em pé.
- **Primeira leitura:** sentado.
- **Salmo:** sentado.
- **Segunda leitura:** sentado.
- **Aclamação ao Evangelho:** em pé.
- **Proclamação do Evangelho:** em pé.
- **Homilia:** sentado.
- **Profissão de fé:** em pé.
- **Preces:** em pé.
- **Preparação das oferendas:** sentado.
- **Oração Eucarística "Orai irmãos [...]":** em pé.
- **Santo:** em pé.
- **Consagração:** ajoelhado.
- **Amém (doxologia):** em pé.
- **Pai-nosso:** em pé.
- **Cordeiro:** em pé.

7 A ordem e modelo de procissão

Em toda celebração litúrgica se realizam, no decorrer do seu desenvolvimento, algumas procissões. Vejamos quais são e como se organizam.

Procissão inicial

Refere-se à procissão de entrada. A organização que apresentamos na sequência leva em consideração uma Missa com diversos concelebrantes e com diversas funções:

Ordem da procissão
Turiferário e Naveteiro
Cruciferário e Ceroferário
Leitores
Os coroinhas e acólitos
Ministros extraordinários da Sagrada Comunhão
Diácono com o Evangeliário
Demais diáconos, dois a dois
Padres, dois a dois
Bispos, dois a dois
Bispo, presidente da celebração
Cerimoniário
Mitrífero e baculífero

Cruciferário e Ceroferário: O acólito leva a cruz, com a imagem do crucificado voltada para frente no meio de sete velas (quando se tem a presença do bispo titular) ou pelo menos duas velas, levadas por acólitos e/ou coroinhas.

Leitores: Quando é prática comunitária que esses entrem em procissão.

Mitrífero e baculífero: Ambos devem ir atrás do bispo.

Quando a procissão de entrada chegar à **frente do altar**, o bispo entregará o **báculo** e a **mitra** para o cerimoniário, que os entrega para o baculífero e para o mitrífero.

Após o ósculo (beijo) no altar, o turiferário e o naveteiro se aproximam para que possa ser colocado incenso no turíbulo. Após esse gesto, o bispo incensa o altar começando pela cruz. Durante a incensação, o bispo pode ser acompanhado pelos diáconos assistentes ou mesmo pelo cerimoniário. Enquanto se incensa o altar, a cruz e a imagem do(a) padroeiro(a), a equipe de música continua com o canto de entrada.

⚠ ATENÇÃO

- Em celebrações com a presença do bispo deverão se apresentar a ele, informando as suas respectivas funções, o cerimoniário, os acólitos, o mitrífero (que segura a mitra durante a celebração) e o baculífero (que segura o báculo durante a celebração).
- O cerimoniário ajudará o bispo a se paramentar.
- O báculo é utilizado somente na procissão de entrada, no Evangelho, na bênção final e na procissão de saída.
- A mitra é utilizada pelo bispo quando estiver sentado. Quando estiver em pé, ficará sem a mitra.
- Se a Missa for presidida por um padre, por exemplo, não serão necessários um mitrífero nem um baculífero.

Procissão do Evangelho

Essa procissão se realiza um pouco antes da proclamação do Evangelho, quando se leva o Evangeliário até o ambão, a Mesa da Palavra. Essa procissão pode ser organizada de duas formas:

- **Dois a dois:** o acólito que segura o turíbulo deve vir à frente com o acólito que segura a naveta seguido pelos acólitos e/ou coroinhas que levam as velas.

- **Em fila indiana (uma pessoa atrás da outra):** nesse caso, devem estar à frente os coroinhas/acólitos que estão segurando a vela, depois os que levam a naveta, o turíbulo e outra vela.

Os acólitos com o turíbulo e a naveta se aproximam do presidente da celebração para que ele possa depositar incenso sobre a brasa acesa, depois se juntam aos demais e aguardam até o diácono juntar-se a eles.

Durante o canto de aclamação, após o diácono receber a bênção do presidente da celebração, ele pega o Evangeliário, que está sobre o altar e reúne-se aos demais da procissão. Assim, todos juntos, acólitos e/ou coroinhas com o turíbulo, a naveta e as velas, dirigem-se à Mesa da Palavra. Ao chegar na Mesa da Palavra, o diácono o coloca sobre ela; os acólitos com as velas posicionam-se um de cada lado, voltados para a Palavra; os acólitos que seguram o turíbulo e a naveta se posicionam próximos ao diácono, que proclamará o Evangelho, para que ele possa depositar incenso sobre a brasa acesa e depois lhe seja entregue o turíbulo para incensar o Evangeliário.

> ⚠ ATENÇÃO
>
> Quando se usa incenso e velas é preciso, primeiramente, avaliar o espaço litúrgico para verificar qual será o melhor e mais breve caminho até a Mesa da Palavra.

Procissão das oferendas

Na sequência da Santa Missa, a próxima procissão a se preparar é a das oferendas. Como estamos apresentando a organização das procissões, até aqui, com o uso do incenso, continuaremos nesse caminho. É conveniente que os fiéis apresentem o pão e o vinho ao sacerdote, por isso, nessa procissão das oferendas, vem à frente o turiferário e o naveteiro seguidos dos fiéis que trazem as oblatas, ou seja, o pão e o vinho que serão consagrados.

Essas oferendas devem ser recebidas pelo sacerdote, por isso, é importante que dois coroinhas se aproximem do sacerdote para auxiliá-lo na recepção dos dons e no caminho para o altar, que deverá estar sendo preparado pelo diácono.

Procissão do Santo

Para a procissão do "Santo" é preciso avaliar o espaço para verificar qual será o melhor e mais breve caminho. Essa procissão acontece quando começa o canto do Santo e pode ser organizada de duas se formas:

- **Dois a dois:** o turiferário e o naveteiro devem ir à frente da procissão, seguidos pelos que levam o carrilhão ou sineta e as velas, posicionados logo atrás. Ao chegar diante do altar, os coroinhas e/ou acólitos com o turíbulo e a naveta ficam ao centro, ladeados pelos coroinhas, que estão com o carrilhão/sineta, e as velas na sequência.
- **Fila indiana (um atrás do outro):** a proposta é a mesma da procissão para o Evangelho, posicionados na seguinte ordem: coroinhas com a(s) vela(s), coroinha com o carrilhão/sineta e, por fim, os coroinhas e/ou acólitos que levam o turíbulo e a naveta e os coroinhas que levam as demais velas.

Em ambas as opções, os coroinhas e/ou acólitos podem entrar tanto vindos da porta principal como da porta da sacristia. Ao se aproximar do altar, todos devem ficar alinhados de frente para ele. O turiferário e o naveteiro deverão se posicionar bem à frente do altar para, durante a consagração, incensá-lo em cada elevação do pão eucarístico e do cálice com vinho (Corpo e Sangue do Senhor).

No momento da consagração, todos se ajoelham e, sendo ela terminada, todos retornam aos seus lugares em procissão.

Procissão de saída

Para finalizar existe a possibilidade de realizar a procissão de saída pelo corredor central. Se essa for a realidade da comunidade, leva-se em consideração a mesma ordem da procissão de entrada.

Referências

ALDAZÁBAL, J. *Dicionário elementar de liturgia*. Verbete "alfaias". Disponível em: https://www.liturgia.pt/dicionario/dici_ver.php? cod_dici=481. Acesso em: 30 nov. 2024.

BACKHÄUSER, A. *Celebrar bem*. Petrópolis: Vozes, 2008.

BECKHÄUSER, A. *Símbolos litúrgicos*. Petrópolis: Vozes, 2015.

BOGAZ, A. S; HANSEN, J. H. *Conhecer a Missa que celebramos*. Petrópolis: Vozes, 2021. Coleção Formação Cristã.

CATECISMO DA IGREJA CATÓLICA. Brasília: Edições CNBB, 2022.

CONCÍLIO ECUMÊNICO VATICANO II. *Constituição* Sacrosanctum Concilium *sobre a sagrada liturgia*. Brasília: Edições CNBB, 2018.

CONCÍLIO ECUMÊNICO VATICANO II. *Decreto* Presbyterorum ordinis *sobre o Ministério e Vida dos Presbíteros*. Brasília: Edições CNBB, 2018.

CONCÍLIO ECUMÊNICO VATICANO II. *Constituição Dogmática* Lumen Gentium. Brasília: Edições CNBB, 2018.

CONGREGAÇÃO PARA O CULTO DIVINO E AS DISCIPLINAS DOS SACRAMENTOS. *Instrução Geral do Missal Romano e introdução ao Lecionário.* Brasília: Edições CNBB, 2016.

PAULO VI. Carta Apostólica sob forma de Motu Proprio Ministeria quaedam – 15 de agosto de 1972. *A Santa Sé*, 1972. Disponível em: http://www.vatican.va/content/paul-vi/it/motu_proprio/docu ments/hf_p-vi_motu-proprio_19720815_ministeria-quaedam.html. Acesso em: 15 jan. 2025.

Conecte-se conosco:

facebook.com/editoravozes

@editoravozes

@editora_vozes

youtube.com/editoravozes

+55 24 2233-9033

www.vozes.com.br

Conheça nossas lojas:

www.livrariavozes.com.br

Belo Horizonte – Brasília – Campinas – Cuiabá – Curitiba
Fortaleza – Juiz de Fora – Petrópolis – Recife – São Paulo

EDITORA VOZES

VOZES NOBILIS

Vozes de Bolso

Vozes Acadêmica

EDITORA VOZES LTDA.
Rua Frei Luís, 100 – Centro – Cep 25689-900 – Petrópolis, RJ
Tel.: (24) 2233-9000 – E-mail: vendas@vozes.com.br